자기세계 안내서
: REAL SELF

자기세계 안내서 : REAL SELF

초판 1쇄 발행 2025년 9월 1일

지은이	손신호
발행인	권선복
편 집	권보송
디자인	김소영
전자책	서보미
마케팅	권보송
발행처	도서출판 행복에너지
출판등록	제315-2011-000035호
주 소	(157-010) 서울특별시 강서구 화곡로 232
전 화	0505-613-6133
팩 스	0303-0799-1560
홈페이지	www.happybook.or.kr
이메일	ksbdata@daum.net

값 20,000원

ISBN 979-11-93607-99-2 (13190)

Copyright ⓒ 손신호, 2025

* 이 책은 저작권법에 따라 보호받는 저작물이므로 무단전재와 무단복제를 금지하며, 이 책의 내용을 전부 또는 일부를 이용하시려면 반드시 저작권자와 〈도서출판 행복에너지〉의 서면 동의를 받아야 합니다.
* 잘못된 책은 구입하신 곳에서 바꾸어 드립니다.

도서출판 행복에너지는 독자 여러분의 아이디어와 원고 투고를 기다립니다. 책으로 만들기를 원하는 콘텐츠가 있으신 분은 이메일이나 홈페이지를 통해 간단한 기획서와 기획의도, 연락처 등을 보내주십시오. 행복에너지의 문은 언제나 활짝 열려 있습니다.

자기세계
안내서
: REAL SELF

― 흔들리는 중년, 나만의 세계를 설계하는 실천 안내서 ―

손신호 지음

행복에너지

[프롤로그]

이제,
내 맘껏 살아보세!

"이제 진짜 내 삶을 살아보고 싶다." 많은 이들이 퇴직 후 이런 말을 한다. 하지만 정작 "무엇을 해야 할지 모르겠다"며 막막함 속을 맴돈다. 오랜 시간 사회적 역할 속에 살아온 우리는, '하고 싶은 일'보다 '해야 하는 일'에 더 익숙해져 있다. 이 책은 그 반대 방향의 질문에서 출발한다.

"나는 누구인가?"
"진짜 하고 싶은 일은 무엇인가?"
"내가 설계하고 싶은 삶은 어떤 모습인가?"

퇴직은 끝이 아니라 시작이다. 자유는 책임이 없는 상태가 아니라, 내 삶의 **기준**을 내가 정하는 상태다. 이제는 타인의 기준이 아니라, 나만의 **가치**와 삶의 **방식**, 그리고 **의미**로 삶을 새롭게 구성해야 한다. 그러나 '자유롭게 살라'는 말은 때로 잔

인하게 들린다. 방향을 잃은 사람에게 자유는 GPS가 고장 난 배처럼 막막하기 때문이다.

그래서 이 책은 자유 앞에 선 **중년** 우리에게 잠깐의 위로가 아니라, 새로운 삶의 구조와 방식을 제시하고자 한다.
이 책은 네 단계로 구성되어 있다.
- ✓ 첫째, 삶의 축이 바뀌는 순간을 인식한다.
- ✓ 둘째, 나만의 **기준**과 삶의 **방향**을 설계한다.
- ✓ 셋째, 그 설계를 바탕으로 진짜 **하고 싶은 일**을 찾아가는 여정을 안내한다.
- ✓ 넷째, **자기세계**를 구축하고 **지속**하는 **실행력**을 키운다.

우리의 삶은 이제 타인의 기대에 따른 '보상'에서
나만의 살아 있는 '**이야기**'로 바뀌어야 한다.
타인을 만족시키는 삶이 아니라,
나 자신을 **존중**하고 **실현**하는 삶.

이 책에서 '우리'는, 저자를 포함하며 이 여정을 함께 걷고자 하는 모든 사람을 말한다. '나'는 독자 자신을, '진짜 나'는 오랜 시간 잊고 있던 자신의 본모습을 뜻한다. 우리는 함께, 자신을 존중하며 살아가는 여행을 시작하고자 한다.

이 책은 퇴직 이후의 삶을 단순한 여유나 안식의 삶이 아니라,

'**진짜 나**'를 찾아 새로운 세계로 들어가는 **관문**이라 믿는다.
지금, 나 자신에게 당당하게 선언하자.

"이제 내 맘껏 살아보세."

[목차]

프롤로그 이제 내 맘껏 살아보세 **4**

PART 1. 잃어버린 나를 다시 찾아서

1. 자유 앞에서 나는 누구인가

1 인생 2막: 자유 앞에서 나는 누구인가 **15**
2 진짜 자유는 어디서 오는가: 사회적 나 vs 진짜 나 **17**
3 내면화가 필요한 이유: 자유를 위한 조건 **20**
4 단순한 재미를 넘어서: 자기세계로 가는 길 **26**

2. 흔들리는 나를 다시 세우다

1 (문제) 퇴직 후의 불안은 왜 생길까?: 정체성 상실 **31**
2 (원인) 삶의 문제 톺아보기: 환경 변화와 가치체계 변화 **33**
3 (진단) 자기실현이라는 삶의 목표: 개인 정체성 **37**
4 (대안) 진짜 나를 찾는 여행: 몰입의 좌표를 그리다 **43**

PART 2. 새로운 삶 설계

3. 새로운 인생계획 세우기
1 목표로 하는 정체성 설정 **73**
2 정체성 구조 기본형: 삶의 설계 틀 **82**
3 기준과 기준점, 그리고 기준선언문 **91**
4 기본형 청사진 설계서 확장: 멘토에게 배우기 **100**
5 실행기반 청사진 설계 **114**

PART 3. 하고 싶은 일로 삶 채우기

4. 진짜 원하는 일, 어떻게 찾을까
1 감정의 숲에서: 진짜 나와 마주하기 **131**
2 청사진에서 하고 싶은 일 찾기: 기본형 **144**
3 프로젝트로 발견하는 나만의 일: 확장형 **151**
4 깊결지도로 원하는 일 검증 **165**

PART 4. 진짜 나를 살아내는 힘

5. 일상을 나답게 살아내기

1. 고정관념에서 벗어나기: 가치 전환의 열쇠 **181**
2. 습관, 시스템, 그리고 반복 **194**
3. 무너짐을 전제로 운영: 다시 회복하는 힘 **201**
4. 삶과 연결된 실행만이 지속된다 **208**
5. 즐거움은 반복을 부른다: 재미와 몰입의 힘 **217**
6. 정체성과 몰입이 연결된 자기세계 완성 **220**

에필로그 **233**
당부 말씀 **236**
출간후기 **238**

PART 1.
잃어버린 나를 다시 찾아서
: 자유 앞에서 흔들리는 정체성 다시 세우기

인간들은 참으로 야릇한 존재다.
인간에게 있어 모든 것은 순간적일 뿐이다.
무로 시작해서 무로 끝나고 마는 것이 인생이거늘
인간은 이 문제를 풀기 위해 인생을 허비한다.
하지만 한 번도 그 근본을 캐내고 있지 못하고 있는
것이다.
우리는 어디서 왔는가?
우리는 무엇인가?
우리는 어디로 가는가? — 폴 고갱

GPS가
작동하지 않을 때

"김 교수는 35년간 대학에서 학생들을 가르치다 퇴직했다. 은퇴 후 그는 인생이 한순간에 공허해지는 느낌을 받았다. 이제는 원하는 걸 하고 싶은데, 정작 뭘 해야 할지 몰랐다. 그는 매일 아침 습관처럼 정장을 입었고, 강의실로 향하는 대신 서재에 멍하니 앉아 있었다. '나는 누구인가? 이제 난 뭘 해야 하나?' 이 질문이 떠오를 때마다, 그는 차마 대답할 수 없었다. 퇴직 후 1년이 넘도록, 그는 여전히 '과거의 교수'라는 정체성 속에서 자신을 찾고 있었다. 마치 GPS가 고장 나서 목적지를 잃어버린 듯, 그는 과거의 길을 따라가려 했지만, 더 이상 그 길은 존재하지 않았다. 그의 내면 GPS는 완전히 멈춰 있었다."

GPS가 고장 나면 부품을 교체하거나 소프트웨어를 수정할 수 있다. 그러나 내면의 GPS는 쉽게 고칠 수 없다. 그것은 인간이 수백 억 년에 걸쳐 진화시킨, 정교한 사고 시스템이기 때문이다. 하지만 내면의 GPS가 고장 나면, 우리는 자신이 어디로 가야 할지 모르고, 방황한다. 이때 발생하는 혼란은 우리가 다시 방향을 찾을 때까지 계속해서 우리를 괴롭힌다.

따라서 퇴직 후 겪게 되는 방향성 상실과 삶의 목적 부재로 정체성 혼란을 겪을 때, 우리는 새로운 방향을 설정하는 것이 중요하다. 이제, 이 고장 난 GPS를 다시 고쳐 내가 원하는 목적지로 갈 수 있도록 해보자.

1
자유 앞에서
나는 누구인가

"생각하는 사람은 단순히 생각하는 사람이 아니다.
그는 인간 존재의 본질을 고민하고,
세계의 의미를 찾으려 하는 존재이다."

- 오귀스트 로댕

인생 2막:
자유 앞에서 나는 누구인가

퇴직과 함께 갑작스레 많은 시간이 주어진다. 이제는 새벽 출근도 없고, 가족을 부양할 책임감도 조금 덜해졌다. 그러나 그 자유 앞에서 우리는 오히려 멈칫거린다. 무엇을 해야 할지 모르겠고, 어떻게 살아야 할지도 막막하다. 왜일까?

우리는 지금까지 '책임'과 '역할'에 너무 익숙해졌다. 남이 정해준 기준과 기대에 맞춰 살아오면서, 진정한 나로 사는 법은 단 한 번 배워본 적이 없다. 그래서 지금 이 순간, 후반부 인생의 경계에서 우리는 처음으로 자신에게 묻게 된다.

"나는 누구인가?"
"무엇을 하며 살아야 진짜 만족스러울까?"

여기서 중요한 사실이 하나 있다.
'**진짜 나**'를 모르면, 진정한 **자기만족**도 불가능하다는 것이다. 단지 시간이 많아졌다고 자유가 주어진 건 아니다.

진정한 **자유**란, 내가 **진짜 원하는 것**을 **선택**하고 **실천**할 수 있는 힘이다. 이것은 곧 **자기만족의 조건**이다. 남이 설계한 인생이 아닌, 내 스스로 선택한 삶을 살아갈 수 있을 때라야 비로소 자유롭다 말할 수 있다.

그렇다면 이 시점에서의 질문은 이렇게 바뀌어야 한다.

"나는 무엇을 선택할 때 가장 나답고 만족스러운가?"
"그 선택은 내 삶의 방향성과 어떻게 연결되는가?"

퇴직은 끝이 아니라,
오히려 **내 삶의 주인**이 될 수 있는 **전환점**이다.
이제 외부의 기준이 아니라,
내 안의 '**진짜 나**'와 마주하고 거기부터 시작하는 삶,
즉 **자기만족으로 나아가는 삶**을 설계할 수 있는 기회다.
그리고 그 만족이 반복되고 깊어질 때,
나만의 자기세계가 만들어지기 시작한다.

2
진짜 자유는 어디서 오는가: 사회적 나 vs 진짜 나

우리는 오랫동안 '사회적 나'로 살아왔다. 타인의 기대와 사회의 기준에 부응하며, 마치 그것이 진짜 나인 것처럼 여겨왔다. 그러나 그런 외부의 기준은 결국 **진정한 만족을 주지 못한다**. 왜냐하면 그것은 **내가 선택한 삶이 아니기 때문이다**. 반대로, **'진짜 나'란 내면의 욕망과 가치, 철학에 근거해 스스로 선택하는 자아다**. 진짜 나로 살아간다는 것은, 남의 눈이 아니라 **내 삶의 의미에 따라 움직인다**는 뜻이다. 그리고 바로 거기서부터, **자기만족은 시작된다**.

진정한 **자유**는 '진짜 나'를 찾고 스스로 만족하면서 사는 것이고, **만족**은 '진짜 나'를 살아갈 **용기**를 가질 때만 주어진다. 그런데 사회적 나에서 진짜 나로 옮겨가는 길은 쉽지 않다. 오랜 경험 속에서 만들어진 습관, 주변 사람들의 기대, 기존의 역할 의식이 여전히 우리 안에 뿌리 깊게 남아 있기 때문이다.

다음은 우리가 익숙한 '사회적 나'와 앞으로 지향해야 할 '진짜 나'를 다양한 관점에서 비교한 표이다.

요인	'사회적 나' (현재의 나)	'진짜 나' (목표로 하는 나)
정체성	사회 역할에 기반한 정체성	나에게 맞는 진짜 정체성
목적	직장, 가정 등 사회적 중심	**자기실현**과 **내면** 중심
동기	타인의 시선과 사회적 인정	내면의 욕망과 자기 **주도성**
가치	사회 규범과 타인의 기준	내면의 **진실**한 욕망과 **본능**
역할	직업적·가족적 역할 수행	나의 가치에 맞는 **자발적** 활동
갈등	사회 기대와 자아 사이의 충돌	자기 수용으로 인한 내적 평온
자율	외부 기준에 제한된 자율	자율성과 자기 **결정권**의 회복
경험	사회 중심의 경험	자기 탐색과 내적 성장 중심
감정	억제되거나 제한된 감정 표현	감정의 수용과 솔직한 표현

이 둘의 가장 두드러진 **차이**는 뭘까? 어떤 행위의 주체가 외부에 있나 내부에 있나이다. 이 차이는 곧, 만족의 **정도**와 그 **지속성**을 가르는 **경계**이기도 하다. '사회적 나'는 주요 기반이 비교와 기준 충족 여부에 있고, '진짜 나'는 몰입과 삶의 의미에 있다.

"만약 나라면 어떤 나에서 더 깊은 만족을 느낄 수 있는가? 자기만족은 '진짜 나'쪽에 발 딛는 순간부터 시작된다."

그렇다.

중년 우리는 지금 막 이 둘의 경계에 와 있다.
어떤 나를 선택하느냐에 따라,
앞으로 펼쳐질 내 삶의 모습은 달라질 것이다.
그리고 그 답은 어쩌면,
이미 우리 내면에서 조용히 속삭이고 있을지도 모른다.

하지만 새로운 삶으로 나아가려 할 때,
우리는 종종 보이지 않는 벽을 느낀다.
익숙했던 역할에서 벗어나는 일은 생각보다 쉽지 않다.
그 벽은 오랜 시간 사회 속에서 경험해온 습관,
타인의 기대에 맞춰 살아온 방향에서 비롯된다.
그렇기에 자신만의 길을 걷기 시작하려면,
무엇보다 **내 안의 목소리**에 귀 기울이는 용기가 필요하다.

내가 정말로 원하는 삶은 무엇인지,
지금의 선택이 나에게 진실한지 묻는 것에서 시작된다.
은퇴 이후의 시간은 이런 질문을 던지고,
새롭게 답해볼 수 있는 소중한 기회다.

이제는 남이 정해준 길이 아니라,
내가 **주체**가 되고 **주인**이 되는 그런 삶을 시작할 차례다.

3
내면화가 필요한 이유:
자유를 위한 조건

> 우리나라에서 테니스를 처음 시작한 사람들은 구한말 선교사들이었다. 의료 활동을 하면서 고종 황제의 환대를 받은 언더우드 선교사가 어느 날 테니스 시범을 보여주고 있었다. 선교사가 땀을 뻘뻘 흘리며 공을 반대쪽 코트로 넘기는 모습을 지켜본 ㉮<u>고종 황제의 반응은 이랬다. "아니 저렇게 힘든 일은 하인들을 시키면 될 일이지, 왜 쓸데없이 하고 있나."</u>

문제를 하나 풀어보자. 오늘날 우리는 미디어와 대중화의 영향으로 테니스의 개념이나 규칙, 의미와 가치에 대해 어느 정도 알고 있다. 그런 당신이 윗글에서 밑줄 친 ㉮를 읽는 동안, **'자기 내면에서 일어난 반응'**은 다음 중 어느 것인가?

① 황제의 태도는 일종의 고정관념으로 새로운 기술이나 변화에 대한 거부감을 표시하고 있다.

② 황제는 테니스를 '힘든 일'로 보았는데, 당시 사회는 힘든 노동을 하인에게 맡기는 것이 일반적이었다.

③ 황제는 테니스를 '힘든 일'로 간주했지만, 나는 운동이 오히려 건강에 유익하다는 사실을 잘 알고 있다.

④ 황제는 테니스에 대해 내면화되지 않았기에 '쓸데없는 일'로 여겼을지 모르지만, 만약 황제가 오늘날 내가 알고 있는 테니스의 규칙과 가치를 **배우고 경험**했다면, 이렇게 말하지는 않았을 것이다.

답을 찾았는가? 사실, 여기서 정답은 중요하지 않다. 굳이 문제로 만들어 풀어보라고 한 이유가 있다. 우리는 답을 찾을 때, 지금까지 배운 지식을 이용한다. 무슨 말인가 하면, 문제의 단서인 **'자기 내면에서 일어난 반응'**이라는 핵심 키워드를 무시한 채, 사회에서 배운 대로 답을 고른다는 뜻이다.

그렇다. 우리가 문제를 풀 때 이용하는 지식은 모두 배우고 반복한 경험에서 나온다. 학습한 내용이 내 안에 내면화될 때, 그것은 나의 산지식이 된다. 우리는 각자 살아가는 동안 생기는 모든 문제를 이런 지식을 활용해서 해결한다. 이때 문제를 해결한 결과는 만족으로 이어지기 마련이다.

이처럼 우리는 자신이 **충분히 이해하고, 반복해 경험한 것에만 진짜 만족할 수 있다.** 그저 외부에서 주어진 것을 따라 하는 동안에는 깊은 만족에 도달할 수 없다. 이것이 바로 **내면화**가 필요한 이유다.

그럼 고종 황제가 테니스를 치는 선교사를 바라보며 했던 말을 우리의 시각으로 분석해보자. "왜 저런 힘든 일을 하인이 아닌 본인이 하나?" 지금 우리 눈에는 당연한 운동이지만, 당시 황제에게는 **내면화되지 않은 것**이었다.

그런데 오늘날 우리는 왜 이 말을 들으며 '아, 고정관념이구나' 하고 이해할 수 있을까? 그 이유는 테니스라는 활동이 우리에게는 이미 **반복된 경험으로 내면화된 대상**이기 때문이다. 이처럼 **내면화는 이해와 몰입, 그리고 자기만족을 가능하게 하는 기반**이다.

우리가 살아가며 진정으로 중요하게 여기는 것들 – 일, 사랑, 관계, 행복, 죽음 – 이런 모든 주제 역시 단순히 '정보'로 이해해서는 안 된다. **삶의 의미와 가치는 오직 '내면화'를 통해**

서만 내 것이 되고, 진짜 만족으로 이어질 수 있다.

삶의 의미를 탐색하는 과정은 단순한 사색이 아니다. **내 삶에 대한 해석을 내리는 '자기이해'의 과정이고, 그 끝에는 바로 자기만족이 있다.**
그 만족은 쾌락처럼 잠시 머무는 것이 아니라, **내 안의 진실과 일치하는 감정**으로 우리를 오래 지탱해 준다.

그렇다면 질문이 하나 생긴다.
"나는 지금 내 삶의 선택들이 정말 나다운가?"
"내가 중요하다고 여기는 가치들은 내 안에 내면화된 것인가, 아니면 주입된 것인가?"

삶에서 진짜 자기만족을 경험하려면, **외부의 기준을 내면화된 나만의 기준으로 바꾸는 과정**이 반드시 필요하다. 이것이 바로 자기만족을 위한 심리적 조건이자, '진짜 나'로 살아가기 위한 실제 시작이다.

자기만족이 바늘이라면 실처럼 따라다니는 게 있다. 그것은 외부로 향하던 시선을 **내면**으로 **돌려**야 한다는 사실이다. 시선을 외부로 하거나 남들과 비교하면 **진정한 만족**의 길은 영원히 찾을 수 없기 때문이다. 그렇다면 어떻게 해야 인생문제를 해결하고, 자기만족을 지속적으로 유지할 수 있을까?

지금보다 더 큰 행복?

잠시 장면을 바꾸어 보자. 저자의 부부가 산책을 하는 동안 '은퇴 후 어떻게 살 것인가?'에 대한 주제로 대화하고 있었다. 저자가 "이 세상  에 태어나 후회 없이 살다가려면, 한 번은 **진짜 하고 싶은 일**을 하며 살아봐야 않겠어?"라는 말을 다 맺기도 전에 아내가 말했다. "여보, 난 이날까지 열심히 살았고, 지금도 잘 살고 있고, 앞으로도 잘 살 건데, 왜 그런 걸 또 찾아서 굳이 해야 해? 난 지금도 충분히 행복하거든"라고 하는 말에 더 이상 대꾸하지 못했다.

이처럼 가까운 사람조차 이해시키지 못한 현실을 마주한 저자는 '왜 사람들은 더 큰 행복을 받아들이지 않을까?'라는 질문을 몇 년에 걸쳐 탐구하였다. 그 과정에서 저자는 인간의 심리, 변화의 원리, 그리고 더 나은 삶을 사는 방법을 배우고 실천하면서 이를 '내 것'으로 내면화할 수 있었다.

대부분의 사람들도 마찬가지지만, 저자의 아내가 한 말대로라면 인생 문제를 결코 해결하지 못한다. 왜 그럴까?

- ✓ 현재의 만족이 곧 **삶의 의미**를 찾았다는 보장이 안 된다.
- ✓ 행복은 주관적인 감정이기 때문에 **지속**되지 않을 수 있다.
- ✓ 새로운 도전과 자기 탐색을 쓸데없는 것으로 치부한다면, **더 깊은 만족**을 얻을 기회를 놓칠 수 있다.
- ✓ 단순 행복보다 내면의 욕망과 더 큰 가치를 추구하는 것이 **진정한 자기만족**으로 이어진다는 사실을 놓치고 있다.

결국, 삶의 궁극적인 목적을 찾기 위해서는 현재의 만족에 안주하는 것이 아니라, 내면의 욕망을 탐색하고 더 큰 가치를 향해 나아가는 과정이 필요하다. 우리는 지금도 충분히 행복하다고 말한다. 하지만 그 행복이 더 깊은 차원의 행복으로 될 수도 있지 않을까? 지금까지 열심히 살면서 얻은 행복도 소중하다. 그러나 누구라도 새로운 것을 시도하고 탐색한다면, 얼마든지 더 큰 기쁨을 느낄 수 있다.

4
단순한 재미를 넘어서: 자기세계로 가는 길

새로운 것을 받아들이는 과정인 내면화에는 '재미'가 중요한 출발점이 된다. 대부분의 활동은 흥미나 즐거움에서 시작된다. 예를 들어, 테니스를 처음 접할 때 단순한 재미로 시작하지만, 실력이 붙기 시작하면 우리는 더 깊이 몰입하게 된다. 공을 치는 방식뿐 아니라, 나만의 경기 방식을 고민하게 되면서 "나는 어떤 선수인가?"라는 질문이 생긴다.

이 단계에서 우리는 단순한 재미를 넘어, 삶의 방식과 정체성을 고민하게 된다. 테니스에 대한 몰입이 깊어질수록 활동은 '기술을 배우는 일'에서 '나만의 방식'으로 해내는 일로 바뀌고, 점차 자기 몰두의 단계에 이르게 된다. 이 과정은 자기 인식과 새로운 시도, 상황 판단을 통해 **개성화**를 실현하는 방법이 된다. 여기서 개성화란, 나만의 **삶의 방식**이 점차 **확장**되고 **통합**되어 가는 과정을 의미한다. 이는 '나는 누구인가'를 일상 속에서 드러내는 **내면화의 심화 단계**라고 할 수 있다.

- ✓ **자기 인식**: 내 스타일은 무엇이고, 어떻게 몰입하는가?

- ✓ **새로운 시도**: 기존 틀을 벗어나 내게 맞는 방식은 뭘까?
- ✓ **일상 적용**: 내 개성을 실제 환경에 어떻게 적용할까?

이러한 능력이 반복되면 활동은 나의 일부가 되고, 삶 속에서 독립적인 의미를 갖는다. 이것이 바로 **'자기세계'**가 형성되는 과정이다. 자기세계란 단순한 취미나 특기와 다르다. 그것은 몰입의 반복, 내면 가치의 반영, 고유한 표현 방식, 그리고 타인과의 연결을 포함한 하나의 정체성 공간이다. 예를 들어, 글쓰기를 통해 자신의 감정을 정리하고, 철학을 표현하며, 이를 독자와 나누는 활동이 반복될 때, 그것은 더 이상 글쓰기라는 행위가 아니라 내 삶을 드러내는 하나의 '세계'가 된다.

자기세계가 형성되려면 몇 가지 중요한 기반이 필요하다.
- ✓ 첫째, **창조적 실천**이다. 배운 것을 자신의 방식으로 적용하며 새로운 결과를 만든다. 이런 창조적 실천이 반복되면, 나의 결과물에 대한 자부심이 생기고, 자연스럽게 그것을 다른 사람과 함께하고자 하게 된다.
- ✓ 둘째, **외적 기여**다. 자기만족을 넘어 다른 사람과 나누고 싶다는 욕망의 산물이다.
- ✓ 셋째, **관계성**이다. 자신을 표현하고 나누는 과정에서 타인과 저절로 연결된다.
- ✓ 넷째, **삶의 의미** 추구다. 활동이 존재 목적과 이어질 때, 자기세계는 더 깊어진다.

우리는 영화, 그림, 운동, 글쓰기 같은 활동에 빠져들지만, 단순한 흥미만으로는 만족이 오래가지 않는다. 반복된 실천 속에서 몰입과 성장을 경험하고, 그 안에서 나를 **이해**하고 **표현**할 수 있을 때, 비로소 그 활동은 더 의미 있고 '중요한 일'이 된다. '내가 좋아하는 일'은 단지 재미있는 일이 아니라, **지속**적인 몰입을 통해 의미를 발견하고, 삶의 방향성과 연결될 수 있을 때, 온전히 '**자기세계**'로 확장된다.

자기세계는 나의 정체성과 삶의 본질이 담긴 독립적인 세계다. 그 안에서 우리는 창조하고, 기여하며, 관계를 맺고, 삶의 목적을 향해 나아간다. 다음 표를 읽으면서 정리 해보자.

영역	주체적인 삶 (자기 몰두)	의미 있는 삶 (자기세계)
자기 계발	- 은퇴 후 그림을 배우며 창작의 자유를 즐긴다. - 체력을 단련하기 위해 꾸준히 운동한다.	- 자신의 그림을 전시하고, 사회적 메시지를 전달한다. - 건강한 삶의 방식을 전파하는 운동 커뮤니티를 만든다.
사회적 연결	- 새로운 친구들을 만들기 위해 여행 동호회에 가입한다. - 가족 및 친한 친구들과 시간을 보내며 관계를 유지한다.	- 봉사활동을 하며 소외된 이웃과 서로 교류한다. - 노인 고독사 문제를 해결하기 위해 커뮤니티를 조직한다.
주관적 경험	- 매일 성장일지를 쓰며 자아를 탐구한다.	- 나의 글을 책으로 출판해 더 많은 사람들과 경험을 공유한다.
지속 가능성	- 전원생활을 하며 자연과 조화를 이루는 삶을 살아간다. - 자전거를 타고 단순한 삶을 실천하며 환경을 고려한다.	- 재활용 교육을 통해 환경보호 캠페인을 조직한다. - 기후 변화 대응을 위한 정책 제안 활동에 참여한다.

자기 몰두는 개울을 건너는 돌다리 역할을 한다. 진정한 **삶의 목적**은 이 돌다리를 건너 **자기세계**를 창조하는 데 있다. 자신이 좋아하는 일을 반복하고 몰입하며, 그 안에서 가치를 발견하고 다른 이들과 나누는 삶. 이것이야말로 퇴직 이후 우리가 추구할 수 있는 진정한 보물이다.

2
흔들리는 나를
다시 세우다

"<절규>는 인간의 내면을 표현한 것이다.
그 내부에서 느끼는 분열, 고통,
그리고 혼란을 그린 것이다.
나는 그것을 전 세계와 나누고 싶었다."
- 에드바르 뭉크

1
퇴직 후의 불안은 왜 생길까?: 정체성 상실

우리는 오랜 시간 '일하는 나'로 살아왔다. 좋은 학교, 안정된 직장, 성과와 인정이라는 **기준** 속에서 자신의 가치를 증명하면서 살아왔기에, 퇴직과 함께 '나는 누구인가'라는 **정체성** 위기로 이어진다. 아침에 일어나 갈 곳도, 나를 필요로 하는 이도 사라진 듯한 느낌은 자연스럽게 불안을 만든다.

심리학에서는 이를 '역할 상실 증후군'이라 부른다. 특히 직업 정체성이 강했던 사람일수록 퇴직 후 우울감이나 무기력함을 더 크게 느낀다. 사회 역시 '일하는 사람'에게만 가치를 부여하는 경향이 있어, 퇴직 이후에도 무언가를 하지 않으면 무가치하다고 여기는 문화가 그 불안을 더 심화시킨다.

하지만 중요한 건, 이런 불안은 개인의 문제가 아니라 사회적 구조의 문제라는 점이다. 이제는 직업이 아닌 **삶의 방식**을 새롭게 **설계**할 때다. 그래서 퇴직 후의 삶은 공백이 아니라 '잃어버린 나'를 되찾는 과정이다.

나를 되찾으려면, 문제를 인식하는 것이 시작이다. 우울감, 무기력, 고립감 같은 정서적 신호는 몸이 보내는 중요한 단서다. 간단한 일지 작성이나 일상 **점검**만으로도 자신이 겪는 혼란의 실체를 들여다볼 수 있다. 문제를 정확히 보면, 그에 맞는 **해결 실마리**도 보이기 마련이다. 결국 퇴직 후의 불안은 '나는 앞으로 어떤 삶을 살고 싶은가'라는 질문으로부터 풀어지기 시작한다.

문제를 스스로 인식하는 데는 간단한 기록이 효과적인데, 감정 상태, 사회적 관계, 일상 루틴, 건강, 취미 활동 등을 매일 2~3분 정도 노트나 스마트폰에 '오늘 기분은 어땠나?', '누구를 만났나?', '무엇을 했나?' 같은 질문에 답하는 형식으로 적으면 된다. 이렇게 쌓인 기록을 주간이나 월간 단위로 다시 살펴보며 감정 흐름, 관계 변화, 생활 패턴 등을 평가하면 스스로 문제를 인식하고 개선 방향을 찾는 데 도움이 된다.

이런 간단한 기록만으로도 퇴직 후의 문제를 구체적으로 알아차릴 수 있다. 문제를 인식하는 과정에서 뜻밖에도 원인을 함께 발견하게 된다. 원인을 알면, 해결책은 한결 쉽게 찾아진다. 마치 고장 난 GPS의 오류를 찾고 바로 고칠 수 있는 것처럼, 인생 문제도 마찬가지다.

2
삶의 문제 톺아보기: 환경 변화와 가치체계 변화

우리는 대부분 삶의 변화가 시간의 흐름이나 나이 들면서 오는 것이라 생각한다. 그런데 그보다 더 본질적인 것은 환경이 바뀌면서 생기는 가치체계의 변화에 있다. 특히 퇴직은 단순한 직장의 끝이 아니라, 삶의 구조 자체가 해체되는 커다란 환경의 전환점이다.

퇴직 후의 환경 변화와 정체성의 혼란

퇴직 이후 우리는 일과 역할의 부재 속에서 시간 배분에 어려움을 겪고, 소득의 감소로 인한 경제적 불안, 그리고 사회적 관계의 급격한 축소를 경험하게 된다. 직무를 중심으로 형성되었던 자기 정체성 역시 쉽게 흔들릴 수 있다. 이는 건강에도 영향을 미쳐 점차 무기력과 우울감으로 이어질 수 있다. 결국 이러한 외적 변화는 복합적으로 작용해, 심리적 정체성 혼란을 유발한다.

직장에 다닐 때는 명함 하나로 설명되던 삶이, 퇴직 후에는 설명 불가능한 상태로 바뀐다. 이는 일상에서 방향을 잃은 것과 같다. 그러나 이 변화는 자연스럽고 피할 수 없는 것임에도, 우리는 쉽게 받아들이지 못한다. 오히려 변화 자체를 외면하거나, 정서적 복잡성을 인지하지 못한 채 기존의 삶의 방식을 반복하려 하기 쉽다.

변화는 위기이자 기회

하지만 모든 변화는 동시에 기회를 내포한다. 은퇴 후의 삶은 새로운 정체성, 자율적인 시간, 새로운 관계, 건강에 집중할 기회를 제공한다. 사회적 성취 대신 자기만족과 자기실현을 목표로 삼을 수 있는 전환점이기도 하다. 이 시기는 억눌렸던 '진짜 나'를 회복할 수 있는 중요한 시기이며, 중년 이후 성장을 위한 기회로 작용할 수 있다.

그렇다면, 어떤 **기회 요인**이 있을까? 아래에 있는 표를 읽으면서 시사점을 찾아보자.

변화요인	퇴직 전	퇴직 후	기회요인
정체성	명함으로 증명	존재감 상실	새로운 정체성 찾기
시간	정해진 시간	일정 없음, 자율	엄청난 자유 시간
관계	직장에서 동료들과 상호작용	관계 축소	새로운 관계 형성

| 건강 | 규칙적인 활동 | 활동 감소 | 더 나은 건강관리를 위한 운동, 취미 활동 |
| 성취 | 직장에서의 성과, 승진, 목표 달성 | 목표 부재 | 새로운 방향성 설정, 자기만족의 기회 |

핵심은 가치체계의 재구성

이와 같은 변화는 단지 외형적인 조건의 변화만이 아니다. 삶을 바라보는 기준, 곧 가치체계의 변화가 핵심이다. 우리는 직장에서 성과, 승진, 목표 달성과 같은 외적 성취를 삶의 기준으로 삼아 살아왔다. 하지만 퇴직 이후에는 이러한 목표들이 사라지고, 방향성을 잃은 것 같은 공허함이 찾아온다.

그러나 이는 동시에, 자기만의 기준을 새롭게 세울 수 있는 기회이기도 하다. 사회적 성공 대신, 자기만족과 내면의 충실함을 목표로 삼는 삶이 가능해진다. 지금부터는 외부의 평가보다, 내가 중요하게 여기는 가치에 따라 삶을 설계할 수 있는 기회가 주어진 것이다.

문제의 본질은 환경 변화 자체가 아니라, 낡은 가치체계를 그대로 유지하려는 데 있다. 우리는 무의식적으로 여전히 직장 중심의 목표 지향적이고 경쟁적인 틀을 유지하려 한다. 마치 타잔이 정글에서의 생존 방식을 런던 도심에서도 그대로 적용하려는 것처럼.

이제 필요한 것은, 자기 주도적 목표 설정과 자기만족을 중심에 둔 새로운 가치체계의 확립이다. 물론 가치체계는 하루아침에 바뀌지 않는다. 우리는 수십 년에 걸쳐 사회가 요구하는 기준을 익혀왔고, 그 방식으로 충분히 살아왔다. 하지만 이제는 방향을 바꿔야 할 때다. 이 변화의 필요성을 인식하고 받아들이는 순간, 삶은 점차 다시 중심을 되찾기 시작한다.

3
자기실현이라는 삶의 목표: 개인 정체성

1. 외부 기대 / 인정 욕구: "정답은 어딨지?"

저자는 금융기업 IT부서에서 30년 넘게 일해 왔다. 정해진 시간, 정해진 목표, 예측 가능한 구조 안에서 늘 안정된 삶을 살아왔다. 그러다 명함에서 직책이 빠지고, 조직의 중심에서 한 걸음 물러나자 처음으로 이런 질문을 마주하게 되었다.

"퇴직 후 나는 뭘 하고 살아야 하지?"

검색창을 열고 키워드를 넣었다. '은퇴 후 준비', '귀농', '노후 재무', '취미', '건강', '여행', '여가'…

유튜브 강연을 듣고, 블로그를 전전하고, 강의도 들었다. 정보는 늘어나고 있었지만, **방향**은 좀체 손에 잡히지 않았다. "뭔가를 해야 한다"는 불안, "무기력해 보이고 싶지 않다"는 인정 욕구는 있었지만, 그 안에 '진짜 나' 자신의 감각은 그 어디에도 없었다.

2. 사회적 가치: "책이라도 읽어 보세요"

그러던 어느 날, 팀장이 회의 중에 던진 말이 걸렸다.
"그 시간에 쇼핑몰이나 주식창 들여다보지 말고, 차라리 책이나 읽으세요."
무심한 말이었지만, 이상하게 가슴이 찡했다.
'책…' 그 말이 내게 맞을까?
그날 저녁, 별생각 없이 근처 도서관으로 들렀다.
낯설고 어색했다. 하지만 책 한 권을 꺼내 읽기 시작했는데 이상하게도 '좀 괜찮은 사람'이 된 것 같은 기분이 들었다. 오랜만에 무언가에 조용히 몰입하는 느낌.
누가 시켜서 한 건 아니지만
역할에 대한 책임감, 그래도 뭔가는 해야겠다는 의무감이 이끌었던 시간이었다. 하지만 바로 그 '작은 실천'이 깊은 내면의 문을 여는 첫 단추였다.

3. 개인적 가치: "이건 나한테 중요해"

그날 이후, 책을 읽는 습관을 들였다.
출근 전 퇴근 후 각 1시간, 주말엔 도시락 싸서 국회도서관.
'하고 싶은 일을 찾자'는 마음으로, 10개 분야 주제를 정하고, 10권씩 총 100권을 읽고 책을 써보겠다는 목표를 세웠다.

휴대폰 메모장에 요약을 쓰고, 필사하고, 정리했다.
이런 반복 속에서 어느 순간, 문득 깨달았다.
"이걸 하는 이 시간이, 지금 내 삶에서 제일 좋다.
이건 남이 시켜서가 아니라 '나한테 의미 있는 일'이잖아.
처음으로 내 감정과 선택이 일치한 거 같아."

4. 내면화된 가치: "이건 내 철학과 연결돼"

그러나 책을 읽고 정리하는 흐름도 어느 순간 멈추었다. 책 쓰기를 시작했지만 더 이상 문장이 써지지 않았다.
"나는 왜 이걸 쓰고 있지?" 이 질문 앞에서 멈춰 섰다.
그때, 이전에 읽었던 책 〈아티스트 웨이〉를 펼쳐들었다.
"이건 그냥 읽는 책이 아니야. 실행해보아야 해."
매일 새벽, 떠오르는 말을 3쪽씩 받아쓰기 시작했다. 느낌, 기억, 갈등, 바람, 그리고 그냥 떠오르는 생각….
이렇게 글을 쓰면서 내면 깊숙이 들어갔다. 기억이 말문을 열고, 이 말들이 나를 하나씩 정리해주었다. 어느 날, 이전에 쓴 글을 읽다가 문득 속으로 중얼거렸다.
"그래, 이게 바로 나야."
이제 확신이 들었다. 이건 그저 활동이 아니라 삶의 방식이자, 자기다움의 표현이었다.

5. 핵심가치: "이건 내 삶의 방식이야"

3개월 프로젝트를 마치고, 그 과정을 정리해 발표 자료를 만들었다. 지인들 앞에서 지금까지 해온 내용을 말하는 시간이 어색할 줄 알았지만, 이상하리만치 편안했다. 중요한 건, 누가 시켜서도, 보상받기 위해서도, 사회적 역할 때문도 아니었다.

글쓰기란 내가 허락한 방식으로, 내가 자유롭게 정한 리듬으로, 내가 원해서 선택한 시간 안에서 이루어졌다. 그 어떤 기준도 외부에 두지 않았다. 쓰고 싶은 걸, 쓰고 싶은 방식으로, 쓰고 싶은 만큼 썼을 뿐. 그 자유가 기분 좋았다. 그 자율이 또 하게 만들었다. 그런 몰입이 삶의 리듬이 되었다.

"글을 쓸 때, 나는 가장 살아 있다는 느낌을 받는다.
그래서 이건 내 삶의 방식이 되었다."

이후, 몰입은 습관이 되었고, 습관은 '진짜 나'를 만나게 해주었다.

6. 삶의 의미 / 존재 이유: "이건 나의 사명이야"

어느 날 꿈을 꾸었다. 갤러리가 있었고, 수많은 조각상 사이, 그중 하나, 작은 작품이 강하게 빛나고 있었다. 그 빛에 이끌려 다가가는 순간, 작품 안으로 빨려 들어가듯 강렬함이 몰려왔다. 그리고 눈앞에 완전히 새로운 세상이 펼쳐졌다.

잠에서 깬 후에야 깨달았다.
"이건 단지 꿈이 아니야.
내 무의식이 내게 말을 걸고 있었던 거야!"

책을 읽고, 글을 쓰고, 발표하고, 기록하고, 성찰해온 그 모든 과정은 자기 존재 이유를 확인하는 과정이었음을 말이다. 지금도 매달 성장일지를 다시 꺼내 읽는다. 석 달 전의 나, 어제의 나, 그리고 오늘의 내가 공통된 삶의 의미로 이어져 있다고 느낀다. 그리고 다시 한 줄 적어본다.

"나는 오늘도 나를 살아낸다."

✦ 보석은 내 안에 있다

인도에 전해지는 옛날이야기가 있다. 도둑이 값나가는 보석을 훔쳐 파수꾼에 쫓기고 있었다. 도둑은 거리에서 잠자고 있던 거지의 주머니에 보석을 몰래 넣고 도망갔다. 파수꾼을 따돌리고 돌아와 찾을 생각이었다. 그런데 이 도둑은 도망가던 중 파수꾼과 격투하다가 끝내 죽고 말았다. 거지는 졸지에 부자가 되었다. 하지만 거지는 자신의 주머니를 살펴보지 않았다. 자기 주머니에 값진 보석이 있는지 알 리 없었다. 따라서 거지는 가난하게 살다가 생을 마감했다.

우리 안에는 누구에게나 보석이 있다. 하지만 그 보석은 살펴보지 않으면 끝내 쓸모없다. 성공한 사람들은 그 보석을 찾아 꺼내어, 자기만의 방식으로 실현해낸 사람일 뿐이다.

진짜 나를 찾는 여행: 몰입의 좌표를 그리다

1. 좌표가 생기는 순간, 방향이 보인다

하나의 점은 고립된 존재일 뿐이다. 방향도 흐름도 없다. 하지만 서로 다른 두 차원이 교차하는 지점에는 위치와 방향이라는 **맥락**이 생긴다. 그 순간부터 우리는 비로소 말할 수 있게 된다. "나는 지금 어디에 있고, 어디로 가고 있는가." 이것은 단순한 수학적 개념이 아니다. **정체성**과 삶의 **구조**를 이해하기 위한 사고의 **도구**다. 인간은 사물을 그 자체로 보지 않고, **관계** 속에서 **의미**를 인식하는 **존재**다. 그래서 하나의 점이 의미를 갖기 위해서는 다른 차원과의 **교차**가 필요하다. 그리고 그 교차점이 바로 '**진짜 나**'를 찾아가는 좌표가 된다.

지금부터 우리는 자기만족(x축)과 정체성(y축)이라는 두 개의 축을 통해 **나만의 몰입 좌표**를 함께 그려보고자 한다.

2. '진짜 나'는 두 개의 축에서 시작된다

☞ '진짜 나'를 찾아 가는 2차원 좌표

    ✓ x축 – 자기만족: 경험 기반의 몰입/만족 정도

        – 나는 이 일을 할 때 얼마나 몰입하는가?

        – 나를 잊을 정도로 어떤 일에 빠져본 적이 있는가?

x축 단계 (자기 만족)	주요 내용	설명
① 단순 자극	무심결에 끌림	외부 자극으로 그냥 시선이 가는 초기 반응
② 흥미	재미와 흥미	감정적으로 긍정 반응이 일어나 관심 유지
③ 호기심	알고 싶은 마음	왜 그런지, 더 알고 싶다는 인지 작용 작동
④ 집중	선택적 집중	어느 정도 능숙해져 그 활동에 빠져 듦
⑤ 몰입	완전한 몰입	시간과 자아를 잊을 정도로 한 활동에 깊이 몰입한 흐름(Flow) 상태
⑥ 창의적 자기화	창의적 확장	활동 속에서 자기 방식으로 새로운 것을 창조하거나 해결

    ✓ y축 – 정체성: 존재 기반의 동기 정도

        – 나는 왜 이 일을 하는가?

        – 이 활동은 내 가치, 삶의 방향성과 연결되어 있는가?

y축 단계 (자기 정체성)	주요 내용	설명
① 외부 기대/ 인정 욕구	시켜서	타인의 요구나 외부 환경에 의해 수동적으로 움직이는 상태

② 사회적 가치	해야 하니까	책임감 또는 습관에 따라 의무적으로 반복하는 활동
③ 개인적 가치	익숙하니까	능숙하거나 반복적으로 해왔지만 정체성과는 거리가 있는 활동
④ 내면화된 가치	내가 선택해서	내적인 동기나 호기심에 따라 자율적으로 선택한 활동
⑤ 핵심가치	나다운 일	자신의 성향과 가치관이 자연스럽게 표현되는 활동
⑥ 삶의 의미/존재 이유	자기세계 형성	활동 자체가 정체성과 통합되어 삶의 일부가 되는 상태

이 두 축이 교차하는 지점은 내면의 동기와 체험이 만나는 자기세계의 중심점이다. 즉 '진짜 나'의 출발점이자, 자기만족과 정체성이 만나는 경험 속에서 다시 발견되는 참 존재다.

3. 깊결지도: 몰입의 구조를 시각화

지금부터 우리가 그리게 될 좌표는 단순한 지점이 아니다. 이 좌표는 우리 내면에서 일어난 몰입의 순간, 그리고 삶의 동기가 교차해서 만들어낸 인간 내면의 **깊**은 흐름과 삶의 **결**(깊결)을 간결하게 통찰하도록 돕는 도구이다. 그래서 우리는 앞으로 이 지도를 **'깊결지도'**라 하겠다.

이 **깊결지도**는 재미, 몰입, 자기만족, 창의, 욕구, 핵심가치,

삶의 의미, 정체성을 하나의 구조로 연결하는 **인생 탐색 도구**이다. 즉, 삶의 과정 속에서 떠오르는 수많은 감정과 기억들, 반복된 행동 패턴과 매순간 바뀌는 인간 내면의 충동을 이 한 장의 좌표 위에 정리하면서, 우리가 그토록 찾고자 하는 삶의 의미, 목적과 같은 인생문제를 쉽게 치유할 실마리를 준다.

우리는 누구나 이런 말 해본 적 있다. "이걸 할 땐 진짜 나 같았어." 이런 경험은 우연이 아니다. 그 활동은 **자기만족**의 깊이와 **동기**의 정도, 두 조건을 **동시**에 만족시켰기 때문이다. 이것을 구조화한 것이 바로 **깊결지도**다. 이 지도는 우리에게 묻는다. 내가 가장 몰입했던 경험은 언제였는가? 그때 동기는 **내 안**에서 온 것이었는가, 아니면 **외부 보상** 때문이었는가? 이 질문에 대한 좌표는 **'진짜 나'**로 향하는 중요한 **출발점**이 된다.

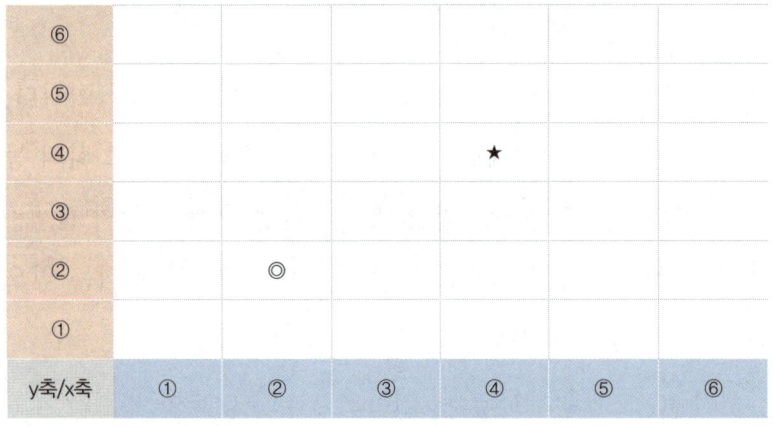

〈깊결지도 기본틀〉

☞ 예시) ◎(현재 '나') = 좌표(x:2, y:2), ★(목표 '나') = 좌표(x:4, y:4)

깊결지도에 배치한 활동예시:

y축 / x축	① 단순자극	② 흥미	③ 호기심	④ 집중	⑤ 몰입	⑥ 창의적 자기화
⑥ 삶의 의미 존재 이유	사례2	-	-	삶의 가치 칼럼 매주연재	은퇴 후 삶 주제 정기강연 기획	진짜 나 찾기 책 쓰기 집필 중
⑤ 핵심가치	-	-	가치관 반영한 글쓰기	내 기획 책 쓰기 프로젝트	정체성 주제로 강의시안 개발	자발적 창의활동 (콘텐츠 기획 등)
④ 내면화된 가치	-	내 기준 책 요약	수업 후 짧은 글쓰기	내가 만든 콘텐츠 게재하기	내 기준 글쓰기 프로젝트	낭독회 자발적 기획
③ 개인적 가치	피아노 레슨 받기	정기적 걷기	블로그에 여행 후기 정리	독서모임토론회 참여	여행 영상 편집 중	-
② 사회적 가치	회사권장 봉사활동	자녀 권유 주말등산	동호회 의무발표	모임 내 봉사참여	-	-
① 외부의 기대 타인의 시선	목적 없이 스마트폰 짤 보기	억지로 참석하는 모임	필요에 의한 가사노동	형식적인 자격증 공부	-	사례1

4. 좌표가 주는 가능성

진짜 하고 싶은 일을 찾고자 할 때, 그냥 '좋아한다', '잘한다'는 기준만으로는 안 된다. 일반적으로 오랫동안 강요받은 학습 때문에, 그 가치가 전부인 것으로 고정되기 때문이다. 그래서 내부로 향하는 자기 **질문**이 반드시 필요하다.
- ✓ 왜 그 활동에 몰입되는가?
- ✓ 그 경험은 내 삶과 어떤 관계가 있는가?

이 질문에 답하지 못하면, '진짜 나'를 만날 수 없다. 진정한 '나'가 작동할 때, 그 좌표는 '자기세계'의 바탕이 된다.

이 좌표는 다음과 같은 **가능성**을 열어준다.
- ✓ **방향**이 보인다. → **숲**을 보면서 선택과 집중이 가능하다.
- ✓ **집중**이 생긴다. → 나만의 길을 만들 수 있다.
- ✓ 가는 **길**이 열린다. → 변화가 가능하다.

다시 말해, 현재 나의 교차점은 '나의 현실'이고, 미래의 교차점은 '진짜 나'가 된다. 이 지도만으로도 나 자신의 과거 경험을 구조 속에 위치시켜보고, 스스로 성장 **방향성**과 **실천 전략**을 얼마든지 설계할 수 있게 해준다.

5. 깊결지도 활용 방법

앞서, '깊결지도 예시'를 보면서 의문점이 들었을 것이다. 왜 봉사활동이 좌표(x:1, y:2)에 위치해 있을까? 이 모델에서 각 좌표축은 (몰입 수준, 동기)를 기준으로 정의하고 있다. 즉, 외부 **평판**이나 **일반적 의미**가 아니라, 그 활동을 하는 **체험의 깊이와 내면의 이유**가 중심이다. 구체적으로 알아보자.

① 봉사활동(x:1, y:2) 사례

✓ **x축**(자기만족 축): **지금은 재미/흥미 수준에 있다**

봉사활동이 처음에는 단순히 '좋은 경험이 될 것 같아서', '재미 삼아 해보는 것'으로 접근할 수 있다. 아직 낮은 수준의 **자기만족**에 해당한다. 그리고 몰입의 깊이가 아직 형성되지 않은 **초보 참여자**의 경우, 잠깐의 재미나 새로운 경험에 머물 가능성이 있다.

✓ **y축**(정체성 축): **현재 사회적 가치를 따른다**

일반적으로 '봉사활동'은 사회적 역할, 책임감, 공동체 기여 등 사회적 가치에서 출발하기 때문에 **'개인적 가치'**나 **'내면화된 가치' 이전의 단계**라 할 수 있다. 이런 경우,

- "사회 구성원으로서 당연히 해야 할 일이니까."
- "의무감 때문에 한다."라고 말할 수 있다.

즉, 이런 유형의 활동은 자율적인 동기가 아닌 **외부 중심의 동기**(역할/의무감)에 의해 결정된다는 뜻이다.

여기서 유의할 점은, 봉사활동 자체가 항상 y=2라는 뜻은 아니다. **동기와 정체성 수준**에 따라 **y축의 위치**는 달라진다. 예를 들어:

- "이건 내가 추구하는 삶의 방식이야" → y=5 (핵심가치)
- "이 활동은 내 존재 의미를 실현해" → y=6 (의미)

이처럼 어떤 활동이라도 사회적 책임에서 시작할 수 있고, 내면의 사명에서 나오는 자기실현의 수단일 수도 있다. 중요한 건 '나는 왜 이 일을 하는가?', '얼마나 몰입하고 있는가?'라는 질문에 솔직한 답을 찾는 데 있다.

다음으로, **사례1(x:6, y:1)**과 **사례2(x:1, y:6)**가 시선에 들어온다. 극단에 있기 때문이다. 즉, 전자의 경우 만족은 높지만 동기가 매우 낮고, 후자의 경우 만족과 몰입은 매우 낮지만, 동기가 높은 상태다. 왜 그런지 살펴보면 앞으로 우리가 청사진을 설계할 때 많은 도움이 될 수 있다. 먼저, 낮은 단계의 정체성을 어떻게 끌어올릴 수 있는지 살펴보자.

② **정체성 수준 올리기** (예시)

◎ **현재의 나: 좌표(x:6, y:1) = 정체성 미숙**

✓ 상태: "나는 이 활동에 완전히 빠져 있고 창의적으로 몰입하지만, 솔직히 왜 하는지는 잘 모르겠어."

✓ 진단:
- x:6 → **자기세계** 수준의 몰입
- 창의성, 주도성, 반복된 몰입 속에서 형성된 자기만의 세계

가 존재, 자기표현이 활발하고 몰입이 깊은 상태

- y:1 → **외부 기대** 또는 **인정 욕구**에 기반 한 동기
- "이걸 안 하면 혼날까 봐", "주변에 인정받기 위해서", "잘 팔리니까"와 같은 동기
- 진정한 내부 동기나 자신의 철학과는 연결되지 않음

✓ 활동 사례:
- 판매 목적의 SNS 콘텐츠 제작
- 외부 평가(구독자 수) 중심의 창작
- 예술 활동이지만 고객 반응에만 의존

★ **목표로 하는 나: 좌표(x:5~6, y:4~6) = '진짜 나'**

✓ 목표 변화: 인정을 벗어던지고, 기여나 철학으로 확장한다.

✓ 질문 예시:
- "이 작품은 내 안에 있는 어떤 욕망을 표현하는가?"
- "만약 누가 보지 않더라도, 나는 이걸 계속할건가?"

✓ 추천 팁: 몰입되는 활동의 **'의미'**를 재정의 한다.
- 내가 왜 이 활동을 하는지 성찰하고,
- 그것이 내 삶의 핵심가치나 철학과 어떤 공통점이 있는지 탐색
- 외부의 반응이나 피드백이 아니라 **자기표현**과 나만의 **성장 관점**으로 삶의 목적을 전환

③ **자기만족 수준 올리기** (예시)

◎ **현재의 나: 좌표(x:1, y:6) = 자기만족 부재**

- ✓ 상태 : "이건 내 존재 이유와 연결된 활동이야…. 근데 아무리 해도 별로 재미도 없고 몰입도 잘 안 돼."
- ✓ 진단:
  - x:1 → **단순자극 수준**
  - "아무리 해도 재미, 몰입, 도전의식이 안 생겨."
  - y:6 → **삶의 의미/존재 이유에 기반 한 동기**
  - "이건 내가 이 세상에 태어난 이유야."
  - 사명감, 영성, 비전 등 아주 깊은 내적 동기
- ✓ 예시 활동:
  - 사명감으로 봉사활동을 시작했지만 반복 업무에 지침
  - 의미 있다 생각해 시작했지만 별로 즐겁지 않음
  - "누군가는 해야 하니까" 하면서 버티는 상황

★ **목표로 하는 나 : 좌표(x:5~6, y:4~6) = '진짜 나'**
- ✓ 목표 변화: 이상향에서 벗어나, 실현 가능성을 추구한다.
- ✓ 질문 예시:
  - "내가 즐겁게 몰입할 수 있는 방법으로 이 활동을 바꾼다면?"
  - "이 활동을 내가 더 자주, 더 오래 즐기면서 진짜 하고 싶어 하려면 뭘 바꿔야 하지?"
- ✓ 추천 팁: 몰입과 자기만족을 **'작은 시도'**로 키워야 한다.
  - 큰 의미를 작게 쪼개기 → 구체적인 목표를 설정한다.
  - 스스로 즐겁게 몰입할 수 있는 방식으로 활동 구조를 재설계하고, 몰입의 순간을 기록하고 성찰한다.

- 기존 방식을 탈피하여 자신만의 방법을 시도하고, 배우고 시도한 것을 자기 철학으로 개성화한다.

▶ 시사점

여기서 우리가 유의할 할 점은, 한쪽만 높은 좌표는 삶의 **균형**을 잃는다는 것이다. '진짜 나'를 찾는 여정은 한쪽 방향만으로 완성되지 않는다. 삶의 의미(동기)와 일상의 **만족**이 함께 지속되고 강해지는 방향, 그곳에 진짜 보석이 기다리고 있다.

6. 깊결지도 응용

다음은 **깊결지도** 응용편이다. 은퇴 후 내가 위치한 좌표는 어디인지, 목표로 하는 나를 어떤 유형으로 할 건지 탐색해보자. 큰 틀에서 3가지 활동(① 과거 경력의 연장, ② 새로운 일에 도전, ③ 진짜 하고 싶은 일)으로 분류해서 분석해보자.

① **기존 사회적 가치로 경력 연장선에서 직업을 찾는 경우**
- ✓ 예상 좌표: (x:2~3, y:2) = 사회적 실천형
  - **x축: 호기심 ~ 집중**
  - 익숙한 일을 다시 하다 보니 새로운 몰입보다는 기능적 수행에 가까움
  - 일 자체는 더 이상 자극적이진 않지만, 약간의 익숙함에서 오

는 안정감은 있음
- **y축: 사회적 가치**
- 여전히 사회의 기대, 책임감, 타인의 시선 등 외부 기준에 의한 동기가 중심
- "나는 여전히 가족을 부양해야 해", "사회적으로 무기력해지고 싶지 않아"와 같은 동기에서 출발

✓ 의미 해석:
- 인생질문: **"나는 앞으로 뭘 하며 살아갈까?"** 에 집중
- 삶의 **연속성을 중요시**하고, 자율성이나 자기만족보다 여전히 생존과 책임감이 우선으로 작용

② **기존 사회적 가치로 새로운 일에 도전**

✓ 예상 좌표: (x:4~5, y:2~3) = 과도기형
- **x축: 도전 ~ 몰입**
- 새로 도전하는 일이라 몰입과 자기효능감이 생김
- 시행착오를 겪으면서 차츰 자기주도성을 키우는 과정
- **y축: 사회적 가치 ~ 개인적 가치**
- 출발점은 여전히 사회적 가치지만, '내가 선택한 새로운 영역'이라는 점에서 개인적 의미가 조금 포함
- "이제는 내가 하고 싶은 방향으로 일하고 싶다"는 욕망이 있지만, 여전히 **핵심가치**에는 이르지 못함

✓ 의미 해석:
- 인생질문: "나는 누구인가?", **퇴직 = 자아 탐색 기회**

- 주의! 고정관념을 못 깨면, y=4 벽을 통과할 수 없다.

③ 기존 사회적 가치를 벗어나 진정한 자율성 기반으로 진짜 하고 싶은 일을 하다 보니 직업이 된 경우

✓ 예상 좌표: (x:6, y:5~6) = 창조적 실천형
- **x축: 창의성/주도성 ~ 자기세계**
- 자발적으로 몰입하고, 나만의 세계를 창조
- **일 = 놀이 = 자기실현**, 일상을 '진짜 나'로 사는 삶
- **y축: 핵심가치 ~ 삶의 의미**
- 내가 스스로 선택한 삶의 방식으로 내 가치, 방향성, 기준, 존재 이유와 깊이 연결됨
- "이게 바로 내가 살아가는 이유 아닐까."

✓ 의미 해석:
- 인생질문: "남은 인생을 어떻게 살아야 후회 없을까?
- 삶의 질과 후회 없는 선택, 삶의 **목적**과 **방향** 재설정

▶ **요약정리:**

분류	설명	좌표 위치	의미 해석
연장된 직업	과거 가치관 그대로	(2~3, 2)	생존과 책임 중심, 변화 없음, 익숙한 길의 연장
새로운 도전	사회적 의미 기반 + 새 영역 도전	(4~5, 2~3)	과도기, 도전 중, 정체성 전환 가능성, '새로운 나'의 발견
진짜 원하는 일	진정한 자유, 자율, 내적 동기, 자기표현	(6, 5~6)	자기실현, 존재 중심, 창조적 몰입, 자기세계 → '진짜 나'

이처럼 간편한 2차원 모델을 응용한 요약정리에서 우리가 얻을 수 있는 **시사점**은 크게 3가지로 볼 수 있다.

① **첫째, 현재 위치 진단: 나는 어디쯤 와 있는가?**

이 좌표는 나의 현재 상태를 진단할 수 있는 나침반이다.

- **만약, x축은 높지만 y축이 낮다: 정체성 문제**

  내가 지금 하는 일은 재미있고 몰입이 되지만, 시간이 지나면서 동기가 약해진다. 이럴 경우, 그 활동이 내 가치나 목적과 연결되어 있는지 성찰해볼 필요가 있다.

- **y축은 높지만 x축이 낮다: 자기만족 문제**

  이 일은 나에게 의미 있고 가치 있지만, 실제 활동에서는 **몰입**이나 **자율성**이 부족하다. 이 경우 환경이나 활동방식, 혹은 표현 방법을 바꿔볼 필요가 있다.

- **시사점:** 이 좌표는 "하고 있는 일의 **존재적 의미**와 **만족 경험**이 얼마나 일치하는가?"를 시각적으로 보여준다.

② **둘째, 성장 방향 탐색: 나는 어디로 가야 하는가?**

이 좌표는 어디로 가야 할지 **삶의 방향성**을 알려준다.

- 만약, 재미, 몰입, 자율성은 있으나, 의미나 정체성이 부족하다면, **y축 방향으로 성장** 필요

  따라서 가치, 삶의 의미, 목적을 탐색하고 그 활동에 연결

- 반대로, 내 활동이 정체성과 목적은 있지만 지루하고 활력이 없다면, **x축 방향으로 성장** 필요

이런 경우, 체험의 질을 높이는 방식(창의적 방식, 자율적 접근, 도전이나 열정 부여 등)으로 나아가야 한다.

- **시사점:** 이 모델은 "삶의 진정한 방향성을 설계할 때, 어디에 더 에너지를 써야 하는가?"를 직관적으로 알려준다.

③ 셋째, 진짜 하고 싶은 일: 어떻게 살아야 후회 없을까?

좌표모델에서 가장 중요한 건, **교차점**이다. 정체성축(y:4)과 자기만족축(x)이 동시에 만나는 지점, 그곳이 바로 '**진짜 하고 싶은 일**'이 된다. 이 지점은 단순히 재미있는 일이 아니라, "**이 일이 곧 나다**"라고 말할 수 있는 곳이자, 동시에 "이 일을 할 때 가장 **나답다**"라는 느낌도 충만한 활동이다.

- **시사점:** 진짜 하고 싶은 일은 삶의 의미와 만족을 **동시에 추구**하는 것이다. 따라서 우리는 y축(정체성)을 기준으로 4단계(내면화된 가치)에서 내가 진정으로 하고 싶은 일을 찾으면 된다. 왜 그럴까?

다음은 두 개의 축에서 다음 단계로 넘어가는데 꼭 필요한 극복할 **과제**, 필요 **기술**, **중점 질문**, 그리고 **학습 방법**을 정리한 내용이다. 이것을 자세히 살펴보면 그 답을 찾을 수 있다. 바로 전반부 가치체계로는 y=4에 드리워진 큰 장벽을 통과하지 못한다는 점이다. 그럼 무엇이 그 통행증일까? 바로 **자유**, **자율**, 그리고 **내적 동기**이다.

성장 방향: [x축] 자기만족/몰입 축

단계	극복할 과제	필요 기술	중점 질문	학습 방법
⑤ 몰입	결과가 아닌 과정에 몰입	자기효능감 강화, 몰입 평가	몰입 후 어떤 성취감이 생겼나?	몰입 일지 작성 (몰입경험 분석)
⑥ 창의적 자기화	남의 기준에서 벗어나기	실험적 사고, 창의적 시도	나만의 방식을 만든 적이 있나?	나만의 방식 시도하기

성장 방향: [y축] 정체성/동기 축

단계	극복할 과제	필요 기술	중점 질문	학습 방법
④ 내면화 가치	**내적동기**와 일치하는 삶	가치 일관성 유지 기술	선택이 **내부가치**와 일치하나?	주간 가치 일치 점검표 작성
⑤ 핵심 가치	내게 진짜 중요한 가치 명확히 구분	핵심가치에 집중하기	모든 것을 걸고 지킬 가치는?	가치 우선순위 설정하기
⑥ 삶의 의미 / 존재 이유	존재 기반 사고 강화	생애 전체를 조망한 사고 **(=개성화)**	이 일이 내 존재 이유와 연결되는가?	삶의 사명 선언문 작성하기

그렇다면 왜 사회적 가치는 좌표모델의 우상향으로 가지 못할까? 여기에는 우리 눈에 안보이지만 인간 본성이 작용하는 '구조적·심리적 벽' 때문이다. 이 장벽은 어릴 적부터 나도 모르게 사회에서 심어준 외적 동기, 그리고 타인의 기대 속에서 쌓아온 가치체계의 구조적 한계를 말한다.

전반부는 능력 있고 성실하게 살아왔더라도, 이 장벽을 넘어 '진짜 나'의 세계에 도달하는 문제는 본질이 다르다. 왜냐하면 전반부를 살아내는 동안, 우리의 행동은 본능적으로 'no-go 시스템', 즉 회피와 방어, 불안을 중심으로 작동하는 신경 반응 체계가 그 작동원리이었기 때문이다.

뇌과학에서는 인간의 행동을 두 가지 시스템으로 설명한다. 하나는 'no-go 시스템'으로, 위험 회피, 실패 방지, 타인의 평가처럼 부정적 자극에 민감하게 반응하는 방어적 체계다. 반면 'go 시스템'은 호기심, 내적 동기, 자유로운 선택에서 비롯되는 창조적 에너지를 활성화하는 체계다. 우리가 진짜 하고 싶은 일을 하려면, 이 방어적 시스템에서 벗어나, 자율성과 몰입을 촉진하는 go 시스템을 작동시켜야 한다.

그래서 이 장벽을 통과하는 유일한 물질은 진정한 **자율**성, **자유**로운 선택, 그리고 **내적 동기**에서 나오는 'go 시스템' 기반의 본성으로 전환뿐이라고 한 것이다.

이 모델에서 x축(자기만족/몰입)과 y축(정체성/동기)은 곧 go 시스템을 작동시키는 핵심 경로다. 두 축 모두 외적 평가나 의무감이 아닌, 내적 동기와 자율적 선택에서 출발해야만, 진정한 창조성과 몰입으로 성장한다. 이 좌표에서 우상향 한다는 뜻은, 곧 **내면의 go 시스템을 강화**하는 길이기도 하다.

7. 한 발 더 가면, 3차원과 4차원이 열린다

우리가 앞서 이야기한 2차원 좌표는, 복잡한 삶의 구조를 이해하기 위한 간편한 도구일 뿐이다. 현실의 삶은 훨씬 더 복잡하고 입체적이다. 3차원으로 넘어가면, '좋아하는 활동(x축)'과 '그 활동이 자신과 얼마나 연결되는가(y축)'만으로는 부족하다. 여기에 구조와 시스템, 즉 '정체성의 뼈대와 운영체계'가 더해지게 된다. 마치 인텔리전트 빌딩이 단순한 건물이 아니라 구조적 설계로 된 시스템에 의해 움직이듯, 우리 삶도 단순한 감정이나 선호로는 설명되지 않기 때문이다.

이제 우리는 삶이란 단순히 "이게 좋아"라는 감정에 머무르지 않고, 그 속에 숨어 있는 가치, 의미, 본질, 방향성과 같은 깊은 요소들이 함께 작동한다는 것을 알 수 있다. 이 요소들이 서로 얽히며 정체성의 구조를 이룬다. 이처럼 구조화된 정체성은 **설계** 없이는 제대로 다룰 수 없다. 그래서 정체성 설계가 중요해지고, 이것이 바로 PART 2의 주제가 된다.

이후 PART 3에서는,
이렇게 설계된 정체성에 부합하는
의미 있고 만족(행복)을 충족하는 활동을 찾아 나갈 것이다.

그렇다면 4차원은 뭘까?
3차원에 **시간의** 흐름이 더해진다.

정체성은 고정된 것이 아니라,
시간 속에서 **변화**하고 **성장**한다.
우리는
"나는 예전이나 지금이나 똑같아"라고 말할 수 있지만,
사실 매 순간 내가 선택하고 경험한 딱 그만큼 변하고 있다.
다만 그 변화를 인식하지 못할 뿐이다.

그래서 PART 4에서는,
나의 정체성이 어떻게 시간 속에서 변화하고,
그 흐름 안에서
어떻게 나만의 세계를 구축해 나갈 수 있는지를
깊이 있게 다룰 것이다.
즉, 단순히 '하고 싶은 일'을 찾는 데서 끝나지 않고,
그 일이나 활동을 기반으로
나만의 **삶의 방식**과 **세계관**을 만들고,
일 = 놀이 = 자기실현이 되는 일상을 '진짜 나'로 사는 삶.
그 **새로운 세상**을 향한 여정이 시작될 것이다.

나의 깊결지도 그려보기

▶ **목적:**
이 워크시트는 만족도(x축)와 정체성(y축)이라는 두 축 위에서 내가 가장 몰입했던 경험을 회상하고, 그 활동이 **진짜 나다운 삶의 좌표**였는지 살펴보고자 한다.

◆ **STEP 1. 몰입 체험 회상**
아래의 표에 몰입하거나 살아 있는 느낌을 강하게 받았던 **활동 3~5가지**를 적어보자. '성과'보다 '감정의 깊이'와 '내면의 동기'에 주목하는 것이 핵심이다.
질문: 내가 진짜 나 같은 때는 언제였는가?
질문에 답하기:

활동 이름	언제/어디서	어디에서 몰입?	그때 감정은?
마을신문 글쓰기	24년 가을, 지역 문화센터	인터뷰 글쓰기로 신문 만들 때	아주 집중됐다. 뿌듯했다
1			
2			
3			

◆ **STEP 2. 좌표 찍기**
다음 페이지에 있는 **깊결지도**는 **x축: 만족의 정도, y축: 동기의 연결 정도**를 뜻한다. STEP 1에서 떠올린 각 활동을 해당 좌표에 기호(◎)로 표

시해보자.

질문: "그 활동은 나에게 얼마나 몰입되었고, 얼마나 나다웠는가?"
질문에 답하기:
- 예시) 마을신문 글쓰기 → 만족도=4, 정체성 연결=4

- _____

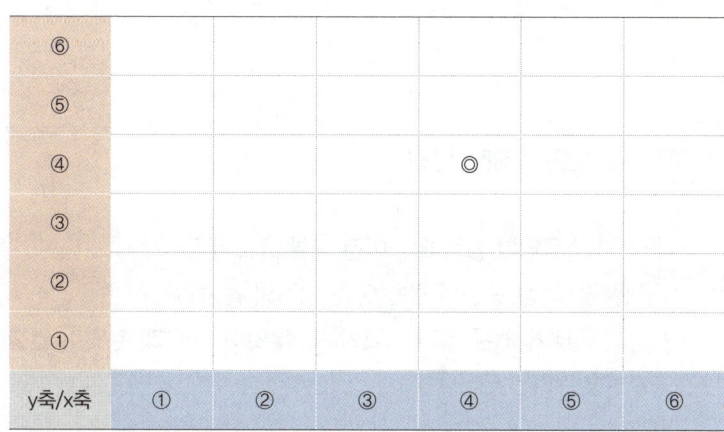

◆ STEP 3. 좌표 해석

다음 질문에 따라 좌표를 분석해보자.

질문: 점들이 어느 방향에 집중되어 있는가?
- 좌표(x:4, y:4) 이상에 위치한 활동이 있다면?
  → 그건 '진짜 나다운 활동'일 가능성이 높다.
- 몰입은 높은데 정체성과 연결이 낮다면?
  → **즐거운 취미**이지만, **삶의 방향**과는 **거리가 멀 수** 있다.
- 정체성과는 연결되는데 몰입이 되지 않는다면?
  → **의미**는 있지만 **지속적인 실행**이 **어렵다**.

◆ **나의 해석:**
여러 활동에 대한 나의 해석을 한 줄씩 써보자.

활동 명	좌표 위치 (x,y)	한 줄 해석
예: 마을신문 글쓰기	(4,4)	새로운 과제 도전의 시간
	(,)	
	(,)	

◆ **STEP 4. 나만의 패턴 발견**
질문:
- 내가 가장 몰입한 활동에는 어떤 공통 요소가 있나?
- '나다움'을 가장 느낀 순간은 어떤 성격의 활동인가?
- 지금까지 내가 해온 일과 비교할 때, 무엇이 **다르고**, 무엇이 **연결**되어 (공통점) 있는가?

◆ **STEP 5. 나의 몰입 선언문 쓰기**
작성 팁: "나다운 몰입은 이런 조건일 때 가능하다"
아래 빈칸을 채워보자.
나의 몰입 선언문:
"나는 보통 (   ) 할 때,
(   )를 느끼며 몰입하게 된다.
이 활동은 내 안의 (   )와 연결되어 있다."

▶ 깊결지도 체험 후, 내면에서 일어나는 6단계 변화

단계	변화 내용
발견	"아하, 이럴 때 내가 진짜 몰입했었구나!"
혼란	"근데 왜 지금, 의미는 있는데 즐겁진 않지?"
성찰	"왜 그걸 좋아하는지 생각해본 적이 없었네."
통찰	"그래, 내가 자율적으로 움직일 때 몰입한 거야!"
방향성 확보	"앞으로 이 활동에 더 집중해야겠어."
감정적 울림	"아하, 이게 '진짜 나'구나 …. 눈물이 다 날 뻔 했어."

잃어버린 나를 다시 찾아서

1. **퇴직은 '삶의 공백'이 아니라 정체성 재설계의 기회다**
   퇴직은 단순한 역할의 종료가 아니라, 새로운 정체성과 삶의 방향을 묻는 전환점이다.
   "퇴직은 끝이 아니라, 오히려 내 삶의 주인이 될 수 있는 전환점이다."
   "나는 누구인가? 이제 나는 무엇을 해야 하나?"
   ▶ 방황은 실패가 아니라, **'진짜 나'를 탐색할 수 있는 기회**이다.

2. 진정한 자유는 '진짜 나'에서 온다

시간이 많아졌다고 자유가 생기는 것은 아니다. 자유는 내가 원하는 삶을 선택하고 실천할 수 있는 힘에서 나온다.

"자유란, 내가 진짜 원하는 것을 선택하고 실천할 수 있는 힘이며, 그것이 곧 자기만족의 조건이다."

"나는 무엇을 선택할 때 가장 나답고 만족스러운가?"

▶ 은퇴 후의 자유는 외부가 아닌 **내 안의 목소리에서 출발한다.**

3. 자기만족은 내면화에서 비롯된다

단순 정보나 지식은 만족을 주지 못한다. 반복된 경험과 자기 이해를 바탕으로 가치가 **내면화**될 때라야 진짜 만족이 생긴다.

"삶의 의미와 가치는 오직 내면화를 통해서만 '내 것'이 되고, 진짜 만족으로 이어질 수 있다."

"외부의 기준을 내면화된 나만의 기준으로 바꾸는 과정이 반드시 필요하다."

▶ 내면화는 **삶의 의미를 자기 삶으로 통합하는 통로**이다.

4. 자기세계는 몰입과 정체성이 만나는 장이다

반복된 몰입이 자신만의 방식과 철학으로 자리 잡을 때, 단순한 활동은 **자기세계**로 확장된다.

"활동은 나의 일부가 되고, 삶 속에서 독립적인 의미를 갖는다. 이것이 바로 '자기세계'가 형성되는 과정이다."

"자기세계란 몰입의 반복, 내면 가치의 반영, 고유한 표현 방식, 그리고 타인과의 연결을 포함한 하나의 정체성 공간이다."

▶ 따라서 자기세계는 **삶과 존재, 표현, 관계가 하나로 통합되는 삶의 장**이다.

5. 깊결지도는 '진짜 나'를 찾는 실천 도구다

자기만족(x축)과 정체성(y축)의 좌표는 진짜 하고 싶은 일을 찾기 위한 자기 탐색의 지도다.

"이 두 축이 교차하는 지점은 내면의 동기와 체험이 만나는 정체성의 중심점이다. 이것이 '진짜 나'의 출발점이다."

"이 지도 하나만으로도 나의 성장 방향성과 실천 전략을 설계할 수 있다."

▶ 몰입과 의미가 교차하는 지점에 **진짜 하고 싶은 일**이 있다.

결국 진정한 자유와 만족은 외부 기준이 아니라, 내면의 가치·몰입·정체성을 바탕으로 가능하다. 은퇴는 그동안 억눌렸던 **'진짜 나'**를 발견하고 실현해가는 **개성화의 출발**이다.

이제 우리는 나만의 가치와 몰입 경험을 토대로 **삶의 설계도**를 구체화할 차례다. PART 2에서는, 나를 움직이는 기준들을 구조화하고, 나다운 삶을 함께 만들어 볼 것이다.

PART 2.

새로운 삶 설계

: 정체성 구조화에서 실전까지

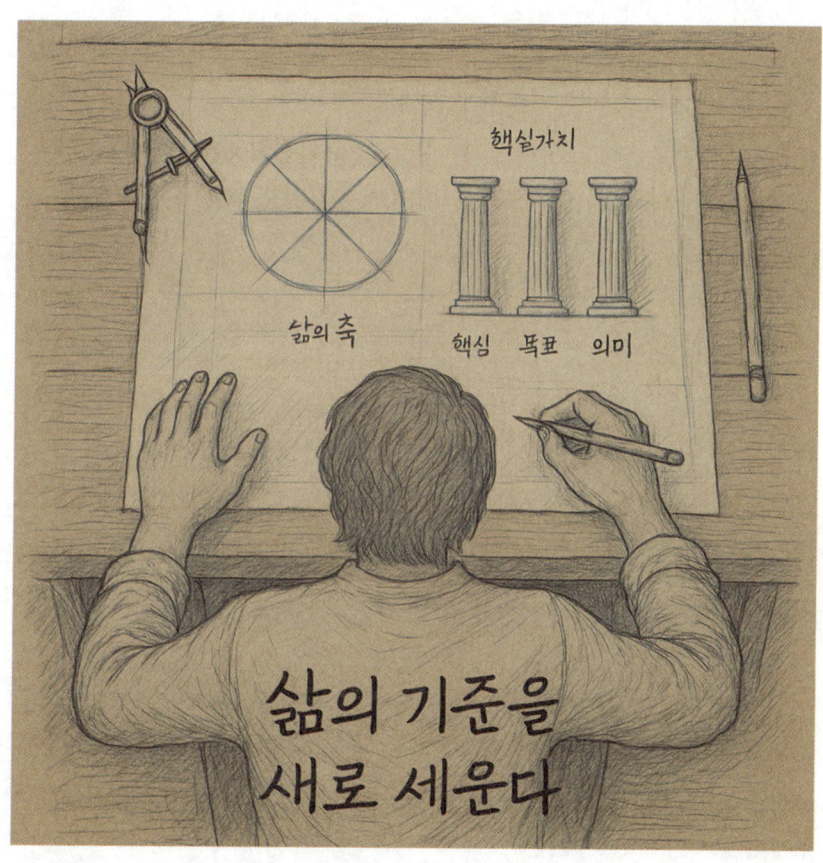

왜 '하고 싶은 일'보다
정체성이 먼저인가

우리는 종종 퇴직 이후 "무엇을 해야 할까"라는 질문부터 시작한다. 하지만 더 근본적인 질문은 "나는 누구인가?", 그리고 "나는 왜 그것을 하고 싶은가?"이다.

오랜 직장생활은 이미 구조화된 정체성의 결과라 할 수 있다. 우리는 오랜 시간 동안 "나는 ○○다(직업명)"라는 사회적 역할 중심의 정체성으로 살아왔다. 퇴직 후, 이 구조가 사라지면, '나'라는 기준이 쉽게 흔들리게 된다.

하고 싶은 일이 꼭 '진짜 나'와 연결되지는 않는다. 억눌린 감정에서 나온 욕구는 진심처럼 느껴지지만, 삶의 방향성과 연결되지 않으면 금세 동력을 잃게 된다. 정체성 설계는 그 일이나 활동이 '내 삶에 왜 중요한가'를 설명할 수 있게 해준다. 그것이 핵심가치, 경험과 연결, 사회적 기여와 통합될 때, 진짜 원하는 일은 소일거리나 취미가 아닌 사명이 된다.

비유하자면, 그냥 하고 싶은 일을 하는 건 씨앗을 땅 위에 올려두는 것이고, 정체성을 설계하는 건 그 씨앗을 심고, 물을 주고, 앞으로 자랄 방향을 정해주는 일이다. 뿌리를 제대로 내린 삶은 더 깊고 오래 가기 마련이다.

PART 1에서 잃어버린 나를 마주해본 우리는, 그 나를 바로세울 새로운 삶의 구조를 설계할 시점에 와 있다. PART 2에는 정체성 구조를 중심으로, 내가 중요하게 여기는 가치와 신념, 삶의 의미를 구체적인 삶의 흐름으로 그려보려 한다.

[삶의 청사진 설계 흐름도]

3.1 목표로 하는 정체성 설정
[2차원 좌표 모델 활용: 기준점(현재, 목표) 정하기]

⇩ 핵심요인: 2차원 좌표에서 y=4 이상으로 설정

3.2 정체성 구조 기본형: 삶의 설계 틀 → [기본형 정체성 청사진]
[5단계 구조로 나를 이해하기]
① 기준 → ② 정체성 → ③ 신념 → ④ 능력 → ⑤ 행동/환경

⇩ 핵심요인: 삶을 하나의 내면시스템으로 구조화

3.3 기준, 기준점, 그리고 기준선언문
[핵심가치 기반 기준선언문 구성]
① 핵심가치 + ② 삶의 맥락 + ③ 삶의 방식(태도) + ④ 삶의 지향

⇩ 핵심요인: 목표를 정하기 전에 기준선언문부터

3.4 기본 청사진 설계서 확장: 멘토를 통한 내면화
[정체성, 신념, 능력 단계의 구성요소를 확장, 검증]
개념 – 경험 – 삶 연결

⇩ 핵심요인: 자기질문 + 멘토의 지식을 통합

3.5 실행기반 청사진 설계: → [확장형 정체성 청사진]
[개념을 실행 가능한 구조로 논리적 설계]
① 개념 정리 → ② 질문 → ③ 선언 → ④ 실행 전략

▶ **핵심 도구는?** 바로 **질문**이다.
- **질문**은 **개념** → **의미**(근거, 타당성) → **실행 전략**으로 **연결**하는 유일한 도구이다. 즉, 질문은 **개념 간 관계, 개념과 경험, 개념과 실행**을 논리적으로 연결하게 한다.

3

새로운
인생 계획 세우기

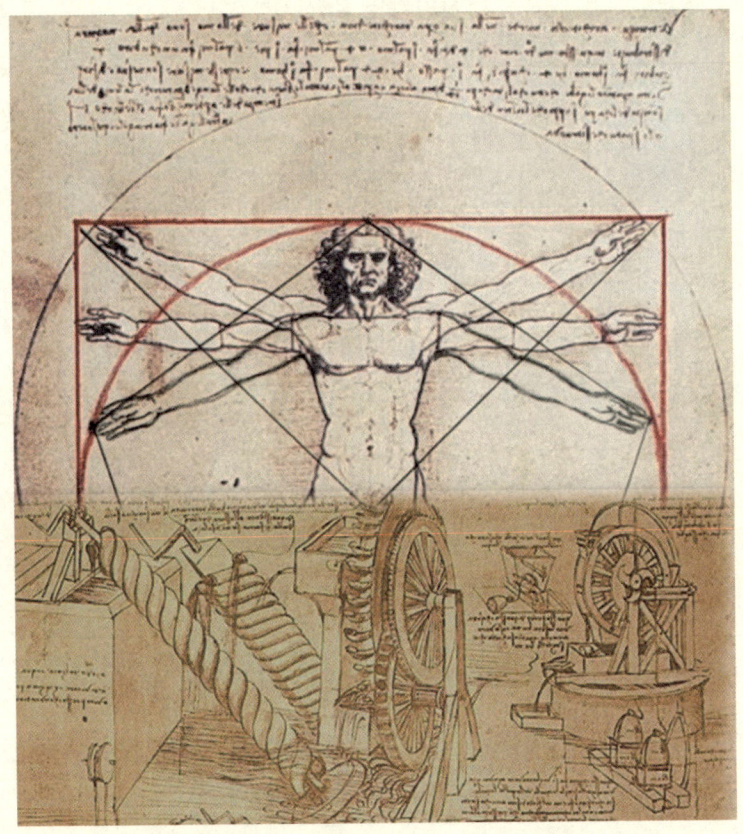

"인간은 자연을 이해하고 자연의 법칙을 따른다.
이 법칙을 이해한 자는 자신의 삶을 잘 설계할 수 있다."
- 레오나르도 다 빈치

1
목표로 하는
정체성 설정

　정체성에 대한 윤곽을 알아보았으니 이제 우리가 목표로 할 기준점을 찾아보자. 먼저 PART 2에서는 정체성 설정 중심으로 초점을 맞추기 위해 노력 해보자. 왜냐하면, 정체성 자체만으로도 다차원적으로 복잡하기 때문이다.

　예를 들어, 정체성 구조에 대한 구성요소를 더 구체적으로 식별하고, 그것을 실제 삶에 적용한다고 가정해보자. 전반부 삶을 no-go 중심으로 경험해온 우리가, 개인 정체성 자체를 다루기에도 벅찰 수 있기 때문이다. 따라서 지금은 y축(정체성) 하나만을 대상으로 하고, 마지막에 가서 우리의 궁금증을 마저 해소하기로 해보자.

　그렇다면 목표 정체성을 어떻게 설정해야 할까? 여전히 잘 모를 수 있다. 그런데 설명을 듣고 나면 이제는 얼마든지 감을 잡을 수 있다. 우리는 이미 여러 차례 경험했기 때문이다. 바로 **깊결지도**에서 다루었던 내용이다.

그래도 다시 기억을 살리기 위해 정리해보자. 50쪽에 있는 '② **정체성 수준 올리기**(예시)'를 참고하면 된다. 예를 들어, 현재 정체성은 좌표(y:2)이다. **목표 정체성**은 **좌표**(y:4)라고 설정하는 식이다.

이제 본론으로 들어가, 현재 정체성과 목표 정체성을 저자의 사례를 들어 설명하겠다. 각자 자기만의 기준점(현재 또는 목표)을 **깊결지도**에서 설정해보자.

이야기는 5년 전으로 가야 한다. 저자가 정체성 개념조차 모르던 시절이었다. 지금의 '나'가 과거의 '나'(손 작가)를 옆에서 바라다본 내용을 x축(몰입) 시각에서 다시 정리해보자.

① 단순 자극 – 우연히 시작된 불씨

손 작가는 경력도 쌓였고 직책도 올랐지만, 몇 년 전 직책에서 물러난 뒤 삶의 중심이 흔들리기 시작했다.

"은퇴 후에 나는 어떻게 살아야 하지?"

그는 답을 찾지 못한 채 인터넷을 뒤졌다.

'은퇴', '건강', '재무', '여가', '귀농', '취미' 등 검색어를 반복 입력하며, 유튜브 강연과 블로그를 기웃거렸다. 그런데도 뭔가 허전했다. 그저 화면을 넘기다 문득 생각했다.

"왜 이런 걸 계속 보고 있지? 그래도 뭔가 재미는 있네…"

② 흥미 → 감탄으로

그러던 어느 날 회의 시간, 팀장이 농담처럼 말했다.

"업무 외 시간에 주식시세만 보지 말고 책이나 읽어요."

그 말이 기폭제가 되었다. "그래, 책을 읽어볼까."

인터넷 정보만으로는 채워지지 않던 부분이 있었다. 손 작가는 퇴근 후 도서관으로 향했고, 책장을 넘기며 어떤 깊은 감각이 살아남을 느꼈다.

"우와, 내가 그토록 찾던 게 여기 있었구나!"

③ 호기심 – 책이 삶의 리듬으로

책 읽기가 습관이 되었다. 일찍 출근해 조용히 책을 읽고, 점심시간에도 페이지를 넘겼으며, 주말이면 도시락을 싸서 국회도서관으로 향했다.

'은퇴 후 하고 싶은 일'을 찾기 위해 10개의 주제를 정하고, 각 분야마다 10권씩 읽어보자는 계획을 세웠다. 스마트폰 앱 메모장에 요약을 남기고, 필사를 하며 정리했다. 이 작업에 시간 가는 줄 몰랐다.

"이건 그냥 책을 읽는 게 아니라, 뭔가 내 안에 차곡차곡 쌓여가는 느낌이야."

④ 집중 – 글쓰기로 옮겨가기 시작

책을 읽다 보니 자연스럽게 글을 쓰고 싶어졌다. 100권을 다 읽은 뒤, 자신만의 책을 써보기로 마음먹었다. 목차를 짜고, 메모장을 열어 원고를 쓰기 시작했다.

하지만 어느 순간, 문장이 더 이상 써지지 않았다.

"나는 지금 왜 이걸 쓰고 있는 거지?"

혼란이 찾아왔고, 그는 다시 책을 들었다. 그러다가 〈아티스트 웨이〉가 눈에 들어왔다. 이 책을 읽으며 그는 결심했다.

"이건 단순히 읽고 말 게 아니라, 내가 직접 해봐야겠어."

그는 3개월간 매일 아침, 책에서 시키는 대로 글을 쓰고 그림을 그리고 걷기 명상도 했다. 그것은 자기 자신에 대한 도전이었다.

⑤ 몰입 – 반복 속에서 만난 '나'

이 프로젝트는 그를 몰입의 세계로 이끌었다. 매일 3쪽씩 마음에서 우러나오는 글을 썼고, 어느새 그것이 하루의 중심이 되었다. 글을 쓰는 동안 시간이 사라지고, 감정이 정리되고, 삶의 흐름이 만들어졌다.

그는 주변 사람들에게 3개월 프로젝트 결과를 정리하여 발표하던 중 문득 깨달았다.

"이건 단순한 기록이 아니야. 내 안의 또 다른 나를 꺼내는 작업이었어."

⑥ 창의적 자기화 – 글이 나를 말하기 시작

글은 점점 더 손 작가만의 언어가 되었다. 자신만의 방식으로 독서 내용을 정리했고, 노트를 채웠으며, 직접 경험한 실천을 글로 옮겼다.

철학, 심리학, 인문학에서 시작해 인지심리학에 뇌과학까지 탐색하며, 그는 더 나은 삶을 사는 방법을 자기만의 방식으로 만들었다.

"이제는 남의 글을 흉내 내는 게 아니라, 내 언어로 말하고 있구나."

⑦ 자기세계 – 나를 살아내는 글쓰기

어느 날, 꿈을 꾸었다. 전시장에서 한 작품이 강렬한 빛을 받으며 그를 이끌었다. 가까이 다가가자 그 속으로 빨려 들어갔고, 눈앞에 완전히 새로운 세상이 펼쳐졌다. 그는 깨달았다.

"내 무의식이 이 글쓰기를 통해 나를 부르고 있었구나."

지금 그는 매일 글을 쓰고, 정리하고, 공유한다. 글쓰기는 그의 하루를 살아가게 하는 중심이 되었지만, 그는 아직 이 활동을 '삶의 사명'이나 '존재 이유'로까지 생각하지는 않는다.

"이건 내게 정말 소중한 일이고, 내가 좋아하는 일이다." "하지만 아직은 그냥 나만의 일, 나를 위한 삶의 일부로 우뚝 서고 싶다."

이 내용을 바탕으로 과거의 '나(손 작가)'에 대한 정체성을 **깊결**

지도를 활용해서 분석해보자. 사실, 우리는 각자 현재 자신의 청사진 위치가 어디인지 63쪽에서 체험해보았다.

축 각 단계별 손 작가의 일치 정도

y축 단계	분석 기준	손 작가 사례
① 외부 기대 /인정 욕구	"이걸 안 하면 혼날까 봐…", "남의 시선 때문에"	× 없음. 시작도 자발적이고 외적 압력 없음
② 사회적 가치 /역할 의식	"내 역할이니까…", "책임감 때문에"	× 없음. 가족이나 조직의 책임으로 시작하지 않음
③ 개인적 가치	"이건 나한테 중요해", "흥미가 있어"	○ 일치. 글쓰기, 독서가 "내게 소중한 일", "좋아하는 일"로 자리 잡음
④ 내면화 가치	"이건 내 가치관과 맞아", "이게 바로 나야"	× 아직 도달 전. "나를 위한 삶의 일부"라는 언급이 있지만, 정체성의 중심이라고 생각하지는 않음
⑤ 핵심가치	"이건 내 삶의 방식이야", "이 일은 나다"	× 도달 전. 글쓰기가 삶의 리듬이긴 하지만, "삶의 방식"으로 나아가지 못함
⑥ 삶의 의미 /존재 이유	"이건 나의 사명이야"	× 해당 없음. 본인 스스로 이 활동이 '사명'이라고 표현하지 않음

✓ **종합 진단**

손 작가는 현재, x축은 자기만족에 이르렀지만, **y축은 ③ 개인적 가치** 인식 수준에 있다.

- 그는 글쓰기와 독서를 통해 큰 만족을 느끼고 있으며, 이를 "정말 소중한 일"이라고 말한다.
- 그러나 그것이 개인 **정체성**이나 **삶의 사명**과 연결된다고 자각하지는 못하고 있다.

그렇다면, 목표 정체성은 어디로 해야 할까? 그렇다. 당연히 y=4 이상으로 해야 한다. 여기부터가 정체성 설계의 시작이라 할 수 있다. 지금부터가 중요하다.

이해하기 쉽도록 **깊결지도**를 다시 불러보자.

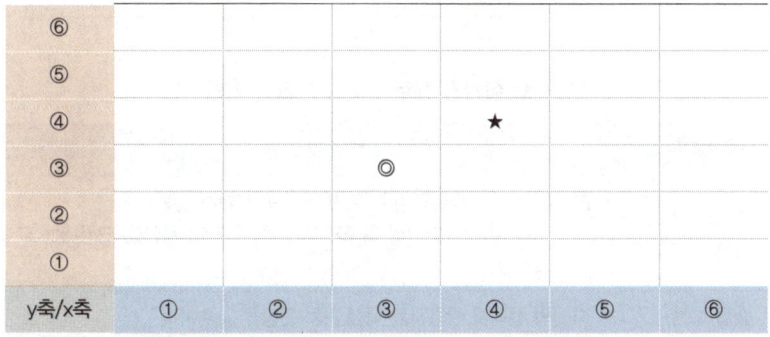

예시) ◎(현재 '나') = 좌표(x:3, y:3), ★(목표 '나') = 좌표(x:4, y:4)

▶ 손 작가의 목표: y=4 내면화된 가치 도달

구분	내용
정의	"이건 내 가치관과 맞아." "이 활동이 바로 나다." → 정체성과 가치관에 뿌리내린 실천
현재 상태	"이건 소중하고 내가 좋아하는 일이야." → 정체성의 뿌리와 연결되지는 않음
과제	단순한 '좋아함'에서 '나는 왜 이걸 좋아하는가?', '이건 어떤 나와 연결되는가?'로 사고를 전환해야 함

일반적으로 no-go가 작동할 때는 우상단 좌표(x:6, y:6)를 무조건 선택하려 한다. 하지만 그럴 수 없다. 각 단계를 넘어가는 **과제, 기술**, 그리고 **중점 질문**이 있기 때문이다.

▶ 손 작가가 던져야 할 중점 질문

질문 범주	구체적 질문
가치 탐색	"내가 이 활동에서 반복해서 중요하게 여기는 건 뭔가?" "글쓰기를 할 때, 내가 지키려는 기준이나 철학이 있나?"
정체성 연결	"이 글쓰기는 내가 어떤 사람이라는 걸 드러내고 있나?" "이 활동을 남이 아닌 '나만의 방식'으로 한다고 느끼나?"
삶의 방향성	"내가 계속 이 일을 하면, 어떤 삶의 흐름이 만들어질까?" "이 활동으로 나는 세상에 어떤 기여를 하고 싶은가?"

▶ 손 작가가 갖추어야 할 기술과 기반

영역	기술과 기반
자기언어화 능력	- 자신의 감정, 신념, 경험을 '자기 언어'로 표현하는 힘 - 글쓰기의 주제뿐 아니라 **글쓰기 그 자체가 자기 자신을 드러내는 도구**가 되어야
숲을 보는 사고	- 자신의 선택을 관통하는 **핵심 가치 문장**을 갖추어야 예: "나는 공부로 나와 세상을 연결하는 사람이다."
습관화된 성찰 실천	- 매일 글쓰기에서 **삶의 성찰과 질문**이 포함되어야 - '왜 이걸 썼는가?' '이것으로 나는 뭘 깨달았나?'를 기록
타인과 공유 가능한 구조	- 자신의 가치가 단지 개인감정이 아니라, **타인에게 설명 가능한 방식**으로 말해질 수 있어야 → 발표, 강연, 워크숍 등

따라서, 우리는 자신이 처한 상황에 맞추어 내가 할 수 있는 만큼 하면 된다. 대신 $y=4$ 이상이어야 한다. 다음은 우리가 목표로 하는 정체성으로 가기 위한 각 단계별로 필요한 기반/기술을 다시 정리했으니 자기만의 목표 정체성을 설정하는 데 참고해보자.

▶ 성장 방향: [y축] 정체성/동기 축

y축 단계	핵심 질문	기반 역량
① 외부 기대 / 인정 욕구	"남들이 나를 어떻게 볼까?" "이걸 하면 누가 좋아할까?"	· 사회적 눈치 민감성 · 외부에 맞춘 행동 역량
② 사회적 가치 / 역할 의식	"맡은 책임을 잘하고 있나?" "조직이 바라는 내 역할은?"	· 책임감 기반 행동 습관 · 조직 내 역할 인식 능력
③ 개인적 가치	"나는 왜 이 활동이 좋을까?" "이건 시간 써도 안 아까워"	· 흥미 추적 능력 · 자기취향 인식 능력 · 반복 실천의 리듬
④ 내면화된 가치	"내 기준과 맞닿아 있나?" "이걸 안 하면 나답지 않다" "내가 지키려는 태도인가?"	· 자기철학 언어화 능력 · 의미 기반 실천 설계 · 성찰과 자기해석의 루틴
⑤ 핵심가치	"이건 내가 선택한 삶인가?" "이 활동은 나의 언어인가?"	· 자율성 유지 능력 · 가치 기반 의사결정 · 정체성–활동 간 일치유지
⑥ 삶의 의미 / 존재 이유	"세상에 존재하는 이유는?" "내가 이 세상에 주고 싶은 것은?"	· 존재론적 통찰 · 자기서사 구성 능력 · 삶 전체의 이야기를 구성하고 실천에 녹이는 능력

지금까지 정체성의 실체를 서사 형태로만 다루어왔다. 그런데 우리는 말로 하거나 남들이 만들어 놓은 것에 익숙해 있어 손수 글로 써보라 하면 한 줄 쓰기조차 힘들다. 따라서 쉽게 따라할 수 있는 구조를 함께 탐구하고자 한다.

2
정체성 구조 기본형
: 삶의 설계 틀

"나는 누구인가?"

퇴직 후의 삶을 준비하며 가장 많이 하게 되는 질문이다. 하지만 막상 이 질문 앞에 서면, 선뜻 답이 떠오르지 않는다.

그동안 내가 어떤 역할을 해왔는지, 어떤 평가를 받아왔는지는 말할 수 있다. 하지만 내가 진짜 누구인지, 나는 어떤 삶을 원하는지는 막연하거나 생소하다.

그 이유는 '정체성'을 너무 좁은 의미로 알기 때문이다. 정체성은 단지 '나는 ○○이다'로 끝나는 말이 아니다. 정체성은 내가 어떤 가치를 중심에 두고, 어떤 믿음을 갖고, 어떤 방식으로 배우고 실천하며 살아가는지 아우르는 **삶의 구조**다.

1. 정체성을 구조로 바라보기

정체성은 삶의 **방향**과 **실행**을 **연결**하는 시스템이다. '어떤 사람으로 살고 싶은가?'라는 말은 그 자체로 삶의 철학, 행동, 실천을 동반한다. 2.3장에서 저자의 사례와 **깊결지도**를 통해 정체성을 살펴보았다. 이번에는 정체성을 구성하는 5개의 요소를 구조적으로 정리하고자 한다.

이 구조는 앞으로 우리가 어떤 삶을 설계하고, 실천해나갈지까지도 **스스로 점검하고 구체화하는 프레임**이 될 것이다.

2. 정체성 구조 5단계

정체성을 이루는 구성요소를 5개의 큰 골격으로 살펴보자.

① 1단계: 기준 - 삶의 중심축

삶은 선택의 연속이고, 그 선택에는 언제나 기준이 작동한다. 이 기준이 바로 삶의 **나침반**이다. 내게 중요한 **가치**, 삶을 바라보는 **철학**, 행동의 근거가 되는 **원칙**이 여기에 해당한다.

② 2단계: 정체성 - 나는 누구인가

이 단계는 나의 자아상이자 존재 선언이다. 나는 어떤 존재로 살아가고 싶은가? 내 삶은 어떤 문장으로 설명될 수 있을까? 여기에 대한 답변은 단지 설명이 아니라, **삶의 선언**이자 **방향**이 되는 말이다.

③ **3단계: 신념 – 내가 믿는 것들**

우리는 각자 삶에 대한 신념을 가지고 있다. 일은 무엇인지, 행복이란 무엇인지, 여가는 왜 필요한지, 타인의 시선은 어떤 의미인지…. 이 신념들이 쌓여 나만의 감정과 반응, 선택을 만들어낸다. 신념은 때로는 힘이 되고, 때로는 걸림돌이 되기도 한다. 그래서 우리는 이 신념들을 돌아보고, 지금의 삶과 어긋나는 신념은 **다시 세워야 한다.**

④ **4단계: 능력 – 나의 작동 방식**

능력이란 단지 기술이 아니다. 나는 어떤 방식으로 배우고, 어떻게 몰입하며, 스트레스나 혼란에 어떻게 대처하는가. 즉, 내가 **살아가는 방식**을 이해하는 것이 능력이다. 능력은 훈련될 수 있고, 반복하면 향상될 수도 있다. 중요한 건 **나에게 맞는 방식**을 알고, 그 방식대로 나를 조율하는 것이다.

⑤ **5단계: 행동/환경 – 정체성의 구체화**

정체성은 생각이 아니라 실천 속에서 드러난다. 따라서 내가 반복하는 행동, 나를 둘러싼 환경, 그 속에서 정체성은 살아 움직인다. 이 단계는 정체성을 **현실로 구현**하는 **실행** 시스템이다. 그리고 이 행동이 다시 나의 정체성을 강화하거나, 수정해나간다.

3. 정체성은 살아 있는 시스템이다

이 5단계는 순서대로만 작동하지 않는다. 때로는 행동을 바꾸면 신념이 바뀌고, 때로는 기준이 흔들리면 정체성이 흔들리기도 한다. 정체성은 선형이 아니라, **유기적인 구조**이기 때문이다. 다시 말해, 정체성은 고정된 실체가 아니라, 반복된 경험과 선택에 따라 유연하게 **변화**하는 구조다. 중요한 것은 이 구조를 이해하고, 내가 지금 어디에 서 있는지 알고, 정체성을 **반복**해서 조정하는 힘을 기르는 것이다.

정체성 5단계는 단순한 구성요소가 아니다. 그것은 기준 → 정체성 → 신념 → 능력 → 행동/환경으로 이어지는 하나의 작동 시스템이다. 기준이 삶의 중심 방향이라면 핵심가치는 삶의 우선순위를 정하고, 정체성은 그 가치를 살아내는 방식이며, 신념은 그 방식의 의미를 뒷받침하는 관점이다. 그리고 능력은 실행 가능성을 높이는 자산이며, 환경은 그 실행이 작동하는 현장이다. 이 구조를 이해해야만 정체성은 실행 가능한 삶의 설계로 전환될 수 있다.

이제 정체성 5단계를 바탕으로, 워크시트를 통해 나만의 정체성 청사진을 직접 설계하고, 앞으로의 방향성을 점검하는 시간을 가져보자.

정체성 구조 5단계

1단계: 기준

Q1. 나는 지금 어떤 가치를 가장 중요시하며 살고 있나?

☐ 자유 ☐ 성장 ☐ 안정 ☐ 기여 ☐ 진실 ☐ 자율

☐ 창의성 ☐ 연결 ☐ 기타: _____

Q2. 이 가치는 실제 내 선택과 행동에 어떤 영향을 주나?

_____

예시) 자유를 중요하게 여기기 때문에, 퇴직 후 정해진 틀보다는 내가 주도하는 프로젝트를 선택하려 한다. 성장을 중시하기에, 지금도 책을 읽고 워크숍에 참여하고 있다.

2단계: 정체성

Q3. 나는 어떤 사람으로 기억되고 싶은가?

_____

예시) 배우는 사람, 진심을 다하는 사람, 변화에 용기 있는 사람, 삶의 본질을 탐구하며 배우는 사람, 나눌 수 있는 지혜를 실천으로 살아낸 사람

Q4. 지금 내가 이 모습에 얼마나 가까이 가 있는가?

☐ 매우 그렇다   ☐ 어느 정도 그렇다

☐ 아직 멀게 느껴진다   ☐ 모르겠다

✎ **나의 정체성 한 마디:**

_____

예시) "나는 배움과 나눔을 통해 성장하는 사람이다."

3단계. 신념

구성 영역	나의 신념 (예시)
일	일은 나를 표현하는 수단이다.
행복	행복은 의미 있는 활동에서 온다.
여가	여가는 내면을 회복하는 시간이다.
인간관계	관계는 서로의 자유를 존중할 때 깊어진다.

Q5. 아래 구성 영역에 대해 내가 가진 신념을 써보자.

- 일: _____
- 행복: _____
- 여가: _____
- 인간관계: _____

Q6. 이 중 바꾸고 싶은 신념이 있다면 뭔가? 왜 그런가?

_____
_____

예시) "나는 늘 열심히 살아야 가치 있는 사람이다"라는 생각을 자주 한다. 하지만 이제는 쉬는 시간도 삶의 일부라는 새로운 믿음을 받아들이고 싶다.

4단계: 능력

Q7. 나는 어떤 방식으로 배울 때 가장 잘 배우는가?

- ☐ 글을 읽고 정리할 때
- ☐ 실습하고 시도할 때
- ☐ 대화하거나 가르칠 때
- ☐ 반복하며 습관화할 때
- ☐ 혼자 생각 정리할 때

Q8. 지금 가지고 있는 강점과, 더 훈련하고 싶은 능력은?

✎ 갖고자 하는 능력: _____

✎ 훈련하고 싶은 능력: _____

예시) 강점: 글로 생각을 정리하는 능력
　　　훈련하고 싶은 능력: 꾸준함, 한 가지를 끝까지 해내는 힘

5단계: 행동/환경

Q9. 내가 반복적으로 실천하고 있는 일상 습관은?

✎ 나의 일상 습관

_____

예시) 아침 10분 글쓰기 / 주 1회 성찰 일기 / 자연 속 산책

Q10. 나의 환경(시간·공간·사람)은 나를 지원하고 있나?

_____

예시) 혼자 있는 시간은 확보 되지만, 가족과의 대화는 부족

✎ 실천하고 있는 대표적인 행동

_____

예시) '나만의 1시간' 확보 후 글쓰기, 좋아하는 공간(작은 카페)에서 주간 계획 세우기

✎ 앞으로 만들고 싶은 실천/환경

_____

예시) 휴대폰 없이 보내는 비움의 저녁 시간, 나의 가치를 지지해주는 사람과의 작은 모임

▶ 자가진단 요약

단계	현재 상태	진단 내용
기준	어느 정도 명확함	자유·성장 중심으로 살려고 함
정체성	구체적인 문장은 있으나, 실질적 실천과 거리 있음	더 자주 확인, 실천 연결 필요
신념	일부 제한적인 신념이 있음	쉴 자격에 대한 내면화 필요
능력	글쓰기 강점, 꾸준함은 개선 필요	작은 반복 루틴을 정착 필요
행동/환경	실천은 하지만, 환경 부분은 미흡	나를 지지하는 시간·사람의 구조적 설계 필요

✏️ 나의 나침반 예시

항목	나의 답변(예시)
핵심가치 3가지	자유, 성장, 창의성
내 삶의 질문	"나는 어떤 활동을 할 때 나답고 살아 있다는 느낌이 드는가?"
실천할 행동	매일 아침 10분 동안 내 감정을 글로 쓰기

✏️ 나의 선언문

"나는 _____

_____."

예시) "나는 자유와 성장을 기준으로, '나는 어떤 사람으로 살고 싶은가'라는 질문을 품고, 매일 아침 글쓰기를 통해 나의 정체성을 실천하며 살아가겠다."

✓ [정체성 청사진 설계] – 기본형

항목	내 삶의 청사진 (예시)
1. 기준(중심축) 내 삶의 중심 가치는?	자유, 창의성, 성장, 기여 나는 외적 성취보다 내면의 의미와 흐름을 중시하며 살고자 한다. 내 선택의 기준은 이 4가지를 벗어나지 않는다.
2. 정체성(존재 방식) 나는 누구인가? 삶의 지향 방향은?	나는 깊이 생각하고, 느끼고, 표현하며 살아가려는 사람이다. 단순한 소비자가 아니라 창조적 해석자이자 실천자이다. 내 삶은 '표현하고 연결하는 존재'로서 자리 잡고 있다.
3. 신념(삶의 해석 틀) 핵심 관점은? ① 행복 ② 일/여가 ③ 태도/가치	① 행복은 진실한 몰입과 연결에서 온다. ② 일은 나를 표현하는 수단이며, 여가는 회복과 재창조의 시간이다. ③ 나는 내가 바라는 방향으로 변할 수 있다고 믿는다. (성장 마인드셋 + 내부 통제소재)
4. 능력(몰입 방식) 나의 역량은? 앞으로 키울 능력은?	글쓰기, 기획력, 독서력, 질문 능력, 구조화 능력 → 앞으로 창의적 콘텐츠 기획/강의력, 감정 조절, 예술적 감각을 더 깊이 탐색하고 성장시키고 싶다.
5. 행동(실천 루틴) 필요한 삶의 구조와 환경은?	– 매일 2시간 글쓰기 루틴 – 나만의 프로젝트(책 집필, 강의안 제작) – 2회/주 자연 속 산책, 매월 성찰 일기 – 자율과 창의성을 보장하는 환경(시간/공간) 유지 – 함께하는 '의미 중심 소모임' 만들기

앞으로 우리는 이 기본형 청사진을 발판으로 삼아, 추상적으로만 정의된 개념을 실제 일상에 논리적으로 어떻게 적용할 수 있을지 함께 찾고자 한다. 먼저 1단계의 '기준(중심축)'부터 살펴보자.

3
기준과 기준점, 그리고 기준선언문

퇴직 후의 삶을 새로 설계하려는 사람에게 "앞으로 무엇을 해야 할까?"는 가장 흔하면서도 헷갈리는 질문이다. 우리는 흔히 그 질문에 '목표'를 떠올린다. 글을 써볼까? 여행을 다녀볼까? 새로운 자격증을 딸까? 그런데 이 목표들은 생각보다 자주 흔들리고, 금세 공허해진다. 해냈다는  뿌듯함이 오래가지 않고, 막상 실행할 때는 동기부여가 잘 되지 않는다.

왜 그럴까? 그 이유는 분명하다. **기준 없이 세운 기준점**(목표)**은 오래 가지 못하기 때문**이다.

1 삶에는 '기준'과 '기준점'이 있다

이제 우리는 삶을 구조로 바라보는 연습을 해야 한다. 그 구조에는 두 가지 주요 요소가 있다. 바로 **기준**(기초 방향)과 **기준점**(현재 or 목표)이다.

- **기준**은 삶의 중심축이다. 2차원 좌표 모델에서 y=3(개인적 가치)에서 y=4(내면화된 가치)로 가고자 하는 인간 본성과 그 동기의 지속성을 말한다. 나의 핵심가치, 인생관, 신념, 태도와 같은 인간 욕망의 끝없는 **지향**이 여기에 해당한다.
- **기준점**은 기준 위에 있는 관심 대상, y=3(개인적 가치) 또는 y=4(내면화된 가치) 그 자체이다. 즉, **기준은 나침반**(지속된 동기), 기준점은 **향하는 그곳**(대상 or 지점)이다.

2. 나침반 없는 목표는 길을 잃는다

지금 누군가 "암스테르담(목표)에 간다"고 해보자. 그런데 지금 그가 어디(출발지)에 있는지도 모르고, 어느 방향(방법, 수단, 전략)으로 가야 할지도 모르면 목표(대상)만 있는 여행이 되어 버린다. 곧 **헤맴과 혼란**이 따를 수밖에 없다. 마치 나침반도 없이 방향도 모르는 사막에 홀로 남겨진 것과 같다.

삶도 마찬가지다. 목표(도착지)는 있어도 그것을 끌고 가는 **삶**

의 기준(동기, 만족)이 없으면 방황한다. 저자가 직책을 내려놓고 방향 설정을 못 하고 여기저기 기웃거리던 것과 같다.

3. '기준'은 방향이고, '기준점'은 그 실천이다

우리는 대부분 퇴직하면서 '자유'를 가장 바란다. 그렇다면 내 삶은 누군가의 통제나 타인의 평가가 아닌 **자기 선택**으로 살아가는 **구조**를 만들어야 한다. 은퇴 후 '여행을 많이 다니는 것'을 목표로 정했다 해보자. 여행이 진정한 자유를 느끼도록 해준다면, 그건 훌륭한 기준점이다. 그러나 어느 순간 의무처럼 느껴지거나, 비용과 체력만 소진된다고 느껴지면서 즐거움이 사라진다면, 그것은 자유라는 **기준에 어긋나는 선택**일 수 있다. 따라서 **기준점**은 언제나 **기준**에 잘 **연결**될 때만 유효하다.

4. 목표가 흔들릴 때, 기준이 나를 잡아준다

우리는 누구나 좌절하거나 방황할 때가 있다. 이때 기준이 없으면, 기준점은 쉽게 포기되고 '뭘 해야 하지?'라는 질문으로 되돌아가게 된다. 그러나 **기준이 명확한 사람**은 다르다.
- "나는 배움과 성장을 삶의 중심에 둔다."
- "나는 내면의 목소리에 귀 기울이며 살고 있다."

• "나는 살아있다는 느낌을 늘 유지하면서 살고 있다."

우리가 기준을 잘 설정하면, 언제든 나를 **점검**하고, 기준점이 흔들려도 **방향**을 유지한다. 기준이 나를 잡아주기 때문이다.

5. 기준에 연결된 기준점은 실행된다

기준점은 작고 구체적일수록 좋다. 그것은 삶의 구조를 단단하게 만드는 **행동**의 단위이기 때문이다. 예를 들어, '기여'를 삶의 기준으로 삼는다면, 그 **기준에 맞는 기준점**은 이렇게 구체화될 수 있다.

- 매달 한 편의 체험 글을 다른 사람들과 나누기
- 후배에게 내가 겪은 전직 이야기를 들려주기
- 동호회에서 내가 공부해서 삶에 적용한 사례를 공유하기

이럴 때 기준점은 단순한 '성과 목표'가 아니라, 기준을 실현하는 구체적이면서도 **작은 행동**이 된다.

6. 기준, 기준점이 함께할 때 '진짜 나'를 만난다

기준만 있고 기준점이 없으면 **추상**적인 개념과 이론에 머무른다. 기준점만 있고 기준이 없으면, no-go 작동으로 **방향을 잃고** 쉽게 포기하게 된다. 이 두 가지가 **함께** 작동할 때, 내 삶

은 기준에서 출발하여, 기준점으로 구체화되고, 그것이 행동으로 이어져 반복되면서 곧 **정체성**으로 **내면화**된다.

그렇다면 후반부를 준비하는 우리가 성찰해볼 점이 있다. 지금 이 순간부터 질문을 바꿔야 한다.
"나는 앞으로 뭘 하고 살지?"에서
"나는 **어떤 기준**으로 내 삶을 엮어갈 것인가?"

이 기준 위에 작고 구체적인 기준점을 얹어 하나씩 실행으로 옮기는 것. 그렇게 기준과 기준점은 삶을 설계하게 된다.

7. 나를 이끄는 기준선언문 만들기

우리는 자신의 가치관에 대해 잘 알고 있다고 믿는다. 하지만 막상 중요한 순간에 **선택**하려 할 때, 그 실체가 드러난다. 가치가 내면화 되지 않아 no-go가 되기 십상이다. 그 가치를 **구조화**하지 못하고, 그 구조를 내 **언어**로 표현하지 못한다면, 우리는 여전히 타인의 판단에 흔들리고 내 삶의 방향을 세우기 어렵다. 이때 선언문은 마음에 남은 감정과 통찰을 바탕으로 삶의 방향을 정리하는 **설계**도 역할을 한다. 그것은 '내가 왜 살고 있는지'에 대한 나의 고백이다.

자기 언어는 단순한 표현이 아니라 '의식의 정렬'이다. 내가 느낀 감정, 정리한 가치, 설정한 방향이 언어로 정리될 때, 비로소 선택의 기준이 명확해지고, 실천 가능해진다. 즉, 언어화되지 않은 기준은 실행되기 어렵다. 선언문을 만들어보자.

▶ **기준선언문의 4가지 구성요소**

① **핵심가치:** (go 시스템 만들기)

- 나는 무엇을 가장 중요하게 여기는가?
- 반복해서 지키고 싶었던 태도나 신념은 무엇인가?

② **삶의 맥락:**

- 이 가치를 발견하게 된 나만의 사건이나 배경은 뭔가?
- 그것은 나에게 어떤 느낌과 통찰을 남겼는가?

③ **삶의 실천방식:**

- 나는 이 가치를 어떻게 살아내고 있는가?
- 어떤 루틴과 실천 방식으로 반복하고 있는가?

④ **지향 방향:**

- 나는 앞으로 어떤 삶을 살고 싶은가?
- 어떤 사람으로 기억되고 싶은가?

기준선언문 만들기

◆ **STEP 1. 나의 핵심가치 찾기**

질문:
- 내가 반복해서 지키고 싶었던 태도나 마음은?
- 어떤 상황에서 그것을 지키지 못했을 때 가장 흔들렸나?

예시 답변:
- "나는 책임질 줄 아는 사람이고 싶다."
- "진심으로 하는 일에 몰입할 때, 나다움을 느낀다."
- "내가 중요하게 여긴 건, '성장'과 '진정성'이다."

✏️ **나의 핵심가치 (2~3개):**

1. _____ 2. _____
3. _____

◆ **STEP 2. 삶의 맥락 짚어보기**

질문:
- 이 가치를 처음 실감했던 경험은 언제였나?
- 그때의 느낌과 나의 행동은 무엇이었나?

예시 답변:
- "팀 프로젝트에서 모두가 회피할 때, 내가 끝까지 책임지고 마무리했다."
- "가치는 책임감, 하지만 감정은 억울함이었다. 그래서 더 강하게 각인되었다."

✏️ **나의 대표 경험 한 줄 요약:**

- _____

◆ **STEP 3. 내 삶의 실천방식 정리**
  질문:
  - 나는 이 가치를 일상에서 어떤 방식으로 살아내고 있나?
  - 반복하고 있는 루틴이나 나만의 태도는?

  예시 답변:
  - "하루 30분은 꼭 기록하며 스스로를 돌아본다."
  - "타인의 평가보다 내 기준으로 평가하려 한다."

  🖉 **나의 방식** (루틴/행동/태도):
  - _____

◆ **STEP 4. 내가 가고 싶은 방향**
  질문:
  - 나는 앞으로 어떤 삶을 살고 싶은가?
  - 나는 어떤 사람으로 기억되고 싶은가?

  예시 답변:
  - "나는 말보다 행동으로 신뢰를 주는 사람이고 싶다."
  - "혼자서도 질문하고, 쓰고, 성장하는 사람."

  🖉 **나의 지향 방향:**
  - _____

◆ **STEP 5. 기준선언문 작성하기**
  문장 틀:
  - 나는 (핵심가치)를 기준으로,

(삶의 맥락)에서 이 가치를 발견했고,
(삶의 실천방식)을 통해 그것을 실천하며,
앞으로는 (지향 방향)을 향해 나아가고자 한다.

예시 완성문:
- 나는 (책임과 진정성)을 기준으로, (삶의 변곡점마다 다양하게 경험하면서) 그것을 발견했고, (일상의 기록과 질문)을 통해 그것을 실천하며, (타인의 시선이 아닌 내면의 기준으로 살아가는 사람)으로 성장하고자 한다.

✏️ **나의 선언문:**
- 나는 _____에서 이 가치를 발견했고,
  _____을 통해 그것을 실천하며,
  _____을 향해 성장하고자 한다.

확장된 구성요소(기준) 요약

구성 요소	기본형 (3.2 요약)	확장형 (3.3 기준선언문)
기준	**자유, 창의성, 성장, 기여** 나는 외적 성취보다 내면의 의미와 흐름을 중시하며 살고자 한다. 내 선택의 기준은 이 4가지를 벗어나지 않는다.	나는 책임과 진정성을 기준으로, 삶의 변곡점마다 다양하게 경험하면서 그것을 발견했고, 일상의 기록과 질문을 통해 그것을 실천하며, 타인의 시선이 아닌 내면의 기준으로 살아가는 사람으로 성장하고자 한다.

선언문이 내 삶의 언어로 완성되기 위해서는 외부의 통찰과 삶의 축적된 지혜를 나의 구조에 견주어보는 과정이 필요하다. 이때 '멘토'는 내 삶의 거울이자 확장판이 된다. 이제, 삶의 철학을 확장하고 '내 것'으로 통합해보는 시간을 갖자.

4
기본형 청사진 설계서 확장: 멘토에게 배우기

지금까지 나의 기준과 청사진을 선언했다면, 이제는 그것을 보다 깊이 있게 **다듬고 확장**할 때다. 내 경험도 중요하지만, 삶의 방향을 먼저 찾은 이들의 **지혜**는 내 여정을 더 풍요롭게 해준다. 단, 그대로 받아들이기보다는, 내 언어로 다시 **해석**하고 내 **삶의 맥락**에 맞게 적용하는 것, 이것이 바로 이 장의 핵심이다.

"책에서 배우고, 삶으로 연결하자."

우리는 퇴직 이후의 삶을 준비하면서, 새로운 길을 열고자 한다. 하지만 그 길은 누구도 대신 정해주지 않는다. 스스로 기준을 만들고, 삶의 구조를 설계하며, 그것을 실행으로 옮길 수 있어야 한다. 그러기 위해서는 단순히 책을 읽거나 강연을 듣는 수준을 넘어, **자기화**의 힘을 갖추어야 한다.

여기서 자기화란, 외부에서 배운 생각과 정보를 나의 인생

질문에 **연결**하고, 내 **언어**로 **통합**해 소화하는 과정을 뜻한다. 2막을 설계하는 우리가 할 일은 교양을 쌓는 공부가 아니라, 내 삶을 갈무리할 도구로서 **적용 가능한 공부**를 하는 것이다.

1. 나에게 질문하기

정체성 설계의 출발점은 '나는 누구인가?'라는 질문에서 시작된다. 이 물음은 너무 추상적이어서 막막하게 느껴진다. 그래서 우리는 좀 더 구체적인 질문으로 나아가야 한다.

- 나는 왜 이 문제를 만나면 **반복**해서 좌절하는가?
- 나는 어떤 **가치**를 따라 살고 싶은가?
- 나는 어떤 일을 할 때 깊은 **몰입**을 느끼는가?

이 질문은 단순한 호기심이 아니라, 내 삶에서 반드시 풀고 싶은 **근본 문제**일수록 답을 찾기 쉬워진다.

질문은 단순한 궁금증이 아니다. 개념을 내 삶에 연결하는 도구이다. 질문을 던지면, 개념이 고립되지 않고 경험과 연결되어 그것이 반복될수록 삶의 구조가 드러난다. 예컨대 '나는 왜 이 일을 하고 싶은가?'라는 질문을 해보면 정체성, 신념, 가치, 능력, 실행 전반을 동시에 끌어낼 수 있게 된다.

지금까지 질문을 수도 없이 많이 다루어 왔다. 인생 후반부를 준비하는 데 있어 가장 중요한 것이라고도 했다. 왜냐하면, 자신의 인생 문제에 대한 답은 자신의 내부에 있기 때문이다. 이 하나만 가지고도 '진짜 나'를 알아가는 데 큰 도움이 된다. 하지만 내 안에서 뭔가를 찾으려면 기본적인 기술이 필요하다. 삶을 깊이 있게 탐구한 여러 선배들로부터 그 실마리를 배우면 큰 힘이 될 수 있다.

2. 멘토에게 배우기 - 개념과 관점을 넓히는 시간

자기화의 두 번째 단계는 **타인의 생각에 기대어 내 생각을 넓히는 시간**이다. 이때 멘토는 반드시 살아있는 사람이 아니어도 상관없다. 시대를 넘어 지금의 우리와 통하는 철학자, 작가, 사상가들이 모두 멘토일 수 있다.

예를 들어, '돈과 삶의 관계'라는 주제를 탐구한다면,
- **존 러스킨**은 "돈은 인격과 감수성을 가진 사람에게 의미가 있다"고 말한다.
- 반대로 **간다 마사노리**는 "돈과 마음은 동시에 얻을 수 없다"고 하면서 돈의 실용성을 강조한다.

이처럼 서로 다른 생각을 나란히 펼쳐놓고 내 입장에서 통합해보는 자체가 중년 우리의 과제이다. 중요한 건, 그 누구도 '답'을 주지 않는다는 점이다. **답은 내가 구성할 세계**에 있다.

3. 자기화 – 내 언어로 삶의 청사진 확장하기

마지막 단계는 '통합'이다. 외부에서 배운 관점을 단순한 이해로 끝내지 않고, 삶의 방식으로 바꾸는 **개성화 과정**이다. 예를 들어 '정체성'에 대해 탐구했다면,

- **매슬로우**는 자아실현을,
- **융**은 개성화를,
- **로버트 케건**은 자율적 자아의 변화를 주장한다.

이 셋을 치열하게 견주어보면, 내 삶에 통합할 길이 열린다.

- "나는 변화하는 존재다. 정체성은 내 경험과 성찰, 성장의지를 통해 확장된다. 삶은 끊임없는 통합의 과정이고, 나는 나만의 세계관과 가치관을 기반으로 삶의 청사진을 새롭게 써간다."

이런 성찰에서 '내 것'이 생긴다. 그냥 이해했다고 고개를 끄덕이는 것보다, 내 삶에 직접 적용할 수 있는 한 문장을 만드는 편이 훨씬 현명하다. 공부하면서 그 느낌을 경험해보자.

▶ 자기화의 **핵심은 '개념 – 경험 – 삶'**으로 연결에 있다.
  - 개념은 외부에서 배운다. (책, 사람, 여행)
  - 경험은 느낌과 기억으로 저장된 내 삶의 논리적 증거다.
  - 삶은 내가 엮어가는 일상 그 자체이다.

이 셋을 유기적으로 연결하는 견주기 감각이 **자기화의 기본**

엔진이다. 정체성 설계를 단지 미래의 소망으로 남겨두지 않기로 결심하는 순간, 내 안에서 생생히 살아 움직이는 **반응**을 붙잡아서 내 삶에 적용하는 은밀한 재미를 누릴 수 있다.

우리는 '정체성, 신념, 능력' 각 단계별로 자기질문을 하고, 멘토들과 대화하며, 결국에는 내 삶에 맞는 문장으로 정리할 수 있다. 각 단계별 구성요소에서 **삶의 중심축**(기준)이 확장되기 때문이다. 이제 다음 사례를 참고해서, 나만의 기준을 어떻게 확장할 수 있는지 살펴보자.

✓ **[정체성단계, 사례] – 새로운 정체성에 필요한 기준**

① **자기질문:**
- 나는 어떤 존재로 살아가고 싶은가?
- 나는 어떤 사람으로 기억되고 싶은가?
- 내가 말하는 '진짜 나'는 어떤 사람인가?

② **주요 인물/자료:**
- 아브라함 매슬로우 – 자기실현을 통한 인간의 성장
- 칼 융 – 개성화, 진정한 나를 찾아가는 과정
- 로버트 케건 – 자기 주도를 넘어 변혁적 자아로

③ **핵심 통찰:**

멘토	중심 내용	핵심 요소
매슬로우	자아실현은 인간의 최고 욕구로, 성장을 통해 잠재력을 실현하는 삶이 진정한 삶이다.	자기성장/ 잠재력 실현
칼 융	개성화는 가면을 벗고 진정한 나를 찾아가는 과정이며, 자아 통합을 통해 정체성을 확립할 수 있다.	진정성/ 내면의 통합
로버트 케건	정체성은 단계적으로 발전하며, 자율성과 통합적 시각을 가진 변혁적 자아로 나아가는 과정이다.	성찰/자율성/ 변화 수용

④ **나의 통합적 이해** (자기화):

세 사람의 주장은 서로 다르지만, 그 공통점은 '내 안에서 진짜 삶의 중심을 찾는 것'이다. 내 존재는 '진짜 나'를 이해하고, **성장**과 **통합**의 방향으로 나아가는 삶을 원한다. 정체성은 고정된 게 아니라, 계속해서 확장되는 과정 속에 있다.

🖉 **내가 깨달은 새로운 정체성:**

- "나는 변화하는 존재이며, 내 정체성은 나의 경험과 성찰, 성장의 지를 통해 끊임없이 새로워진다. 나는 나만의 세계관과 가치관, 신념을 바탕으로 삶의 청사진을 만들어간다. 진정한 '나'로 살아간다는 것은, 삶을 깊이 이해하고 더 넓은 시야로 다시 해석해나가는 과정이다."

✓ **[신념단계, 사례1] – '행복'에 대한 나만의 기준**

① **자기질문:**
- 나는 어떤 삶을 '행복한 삶'이라고 말할 수 있을까?
- 그리고 퇴직 이후, 나는 어떤 방식으로 나만의 행복을 만들어갈 수 있을까?

② **주요 인물/자료:**
- 아리스토텔레스 (고대)
- 토마스 아퀴나스 (중세)
- 쇼펜하우어 (근대)
- 마틴 셀리그만 외 (현대 심리학)

③ **핵심 통찰:**

멘토	중심 내용	핵심 요소
아리스토텔레스	행복은 인간 존재의 궁극 목표. 자기 성찰과 덕의 실천을 통해 도달한다.	진리/미덕/자기실현
토마스 아퀴나스	인간의 본성은 신을 닮으려는 데 있고, 신과의 연결에서 오는 영원한 기쁨이 진정한 행복이다.	신앙/초월/영적 충만
쇼펜하우어	행복은 고통이 없는 상태에 있다. 외부보다 내부의 평화가 중요하다. 욕망을 절제하고 정신적 자유를 추구하자.	내면성/절제/정신적 고요
셀리그만/류보머스키/데이비슨	행복은 뇌의 특성이자 훈련 가능한 기술이다. 의미, 몰입, 긍정 정서, 일상적 즐거움의 조화 등 개인마다 다르다.	주관성/몰입/뇌과학적 접근

④ **나의 통합적 이해** (자기화):

시대에 따라 인생 선배들은 행복의 정의를 다르게 내렸지만, 공통적으로 말하는 바는 **'의식적 삶'**이다. 고대는 덕을 통한 자기실현, 중세는 신과의 관계, 근대는 내면적 평화, 현대는 주관적 몰입과 **감정 조절**을 강조한다.

✏️ **나만의 행복 정의:**

- "행복은 내 삶의 진정한 방향을 자각하고, 그 방향대로 살아가려는 실천에 있다. 순간의 즐거움도, 깊은 고요도, 의미 있는 몰입도 모두 중요하다. 허나 결국 내 '가치'에 부합하는 삶을 엮어갈 때, 그것이 가장 깊고 오래 지속되는 행복이다."

✓ **[신념단계, 사례2] – '일 vs 여가'에 대한 새로운 기준**

① **자기질문:**

- 일과 여가는 서로 대립하는 개념일까?
- 중년 이후, 나는 '일'과 '여가'를 어떻게 새로 정의하고, 그 결과를 일상에 적용할 수 있을까?

② **주요 인물/자료:**

- 찰스 핸디: 책 〈포트폴리오 인생〉
- 윌리엄 새들러: 책 〈서드 에이지, 마흔 이후 30년〉
- 울리히 슈나벨: 책 〈행복의 중심 휴식〉

③ **핵심 통찰 비교:**

멘토	중심 내용	핵심 요소
찰스 핸디	'일과 삶의 균형'이 아니라, **일 자체의 균형**을 찾아야 한다. 다양한 일의 형태를 포트폴리오처럼 구성하자.	일의 다양성/ 통합적 삶
윌리엄 새들러	일과 여가활동의 조화 속에서 **자신의 핵심가치와 독창성**을 표현할 수 있는 일의 확장이 필요하다.	자율성/ 가치 중심의 일
울리히 슈나벨	휴식은 단순한 **여가가 아니라**, 자신과 대화하는 깊은 시간이다. 진짜 여가란 자기 자신과 연결되는 시간이다.	내면의 일치/ 자기 회복

④ **나의 통합적 이해** (자기화)**:**

나는 '일은 생계, 여가는 보상'이라는 오래된 프레임에서 벗어나고 싶다. 세 명의 멘토는 각각 다른 방식으로 "일과 여가의 통합"을 말하고 있다. 찰스 핸디는 일을 더 넓게 보고, 새들러는 여가도 **의미 있는 일**로 포함하며, 슈나벨은 여가를 **자기 자신과의 만남**으로 해석한다.

✏️ **내가 정립한 새로운 신념:**

- "나는 더 이상 '직업'만으로 나의 일을 정의하지 않는다. 여가는 단순한 쉬는 시간이 아니라, 내 삶의 본질과 연결되는 시간이다. 진짜 나의 일은, 내가 의미를 부여하고 기여할 수 있는 활동에 있다."

✓ [신념단계, 사례3] – '태도'에 대한 새로운 기준

① **자기질문:**
- 삶의 중요한 순간마다 나는 어떤 태도를 선택하는가?
- 그리고 그 태도는 내 삶을 어떻게 바꾸고 있는가?

② **주요 인물/자료:**
- 줄리언 로터: 통제 소재 이론
- 캐럴 드웩: 마인드셋 이론, 책 〈마인드셋〉
- 대니얼 J. 레비틴: 책 〈정리하는 뇌〉

③ **핵심 통찰:**

멘토	핵심 주장	핵심 요소
줄리언 로터	자신이 삶을 어떻게 통제할 수 있다고 믿느냐(내부 vs 외부 소재)가 삶의 질을 결정한다.	자율성, 주체성, 자기책임
캐럴 드웩	인간의 능력은 고정된 것이 아니라 학습을 통해 발전 가능하다. 개인의 태도에 따라 성취 수준이 달라진다.	성장 가능성, 학습의지
대니얼 레비틴	자신의 삶과 뇌를 바꾸는 데 있어 외부 환경보다 자기 결정과 노력의 힘이 중요하다. 감정적 반응, 집중력, 우선순위 설정 등은 학습에 의해 향상되는 능력이다.	개인의 태도, 삶의 질, 구조화된 삶

④ **나의 통합적 이해** (자기화)**:**

통제 소재와 마인드셋은 겉보기엔 다르지만, 핵심은 같다. 내가 삶을 **어떻게 바라보고, 받아들이고, 움직일 것인가**에 대한 태도다. 나

는 어떤 순간엔 외부 탓을 하고, 어떤 때는 스스로를 성장시키려 한다. 하지만 진정 원하는 삶을 살려면, 내 삶을 스스로 **책임**지려는 **태도**가 필요하다.

✏️ **내가 정립한 새로운 신념:**

- "나는 통제 소재 내부자이며, 성장 마인드셋을 지닌 사람이다. 내 삶의 방향은 외부 조건이 아니라, 내가 선택한 태도에 의해 결정된다. 변화는 두렵지 않다. 태도만이 나를 진짜 나로 만든다."

✓ [신념단계, 사례4] – '돈'에 대한 새로운 기준

① **자기질문:**
- 나는 왜 '돈' 앞에서 항상 혼란스럽고, 불안해지는가?

② **주요 인물/자료:**
- 존 러스킨: 책 〈나중에 온 이 사람에게도〉
- 간다 마사노리: 책 〈비상식적 성공 법칙〉

③ **핵심 통찰:**

멘토	주요 내용	핵심 요소
존 러스킨	돈은 인격을 갖춘 사람에게 의미가 있다. 부의 진짜 의미는 삶의 질, 감수성, 지성에 있다.	인격과 물질의 조화
간다 마사노리	돈과 마음은 동시에 얻을 수 없다. 돈을 먼저 해결하고 나서 마음을 챙겨라.	결과 중심의 실용성, 타이밍

④ **나의 통합적 이해** (자기화):

두 관점은 모두 타당하다. 그러나 **중년 이후의 나**에게는 간다 마사노리의 방식이 너무 늦었다. 이제는 돈을 쫓기보다는, **'마음'을 중심**으로 돈을 다뤄야 한다. 돈은 삶을 풍요롭게 하기 위한 수단이지, 목적이 아니다.

🖉 **내가 따를 새로운 신념:**

- "이제 나는 돈을 쫓지 않는다. 마음이 기준이 되고, 돈은 내가 세운 삶의 기준을 실천하는 데 쓰일 도구일 뿐이다. 돈은 내가 선택한 태도에 따라 움직일 것이다."

✓ **[능력단계, 사례] – '능력'에 대한 새로운 기준**

① **자기질문:**

- 나는 내가 원하는 삶을 '실제로 해낼 수 있는 능력'을 갖추고 있는가? 그리고 그 능력은 키울 수 있을까?

② **주요 인물/자료:**

- 스캇 펙: 책 〈아직도 가야 할 길〉
- W. 베란 울프: 책 〈아들러의 격려〉
- 에릭 부스: 책 〈일상, 그 매혹적인 예술〉
- 조 블러: 책 〈언락〉

③ 핵심 통찰:

멘토	주요 내용	핵심 요소
스캇 펙	삶의 고통은 피하지 말고 학습으로 직면하라. 의미는 그 과정에서 발견된다.	문제 해결, 책임감, 지연 만족
베란 울프	인생은 자기조각이다. 나의 인간성과 열등감을 이해하고, 새롭게 목표를 정하자.	자기이해, 자기존중, 창조성
에릭 부스	예술은 내면의 열망을 표현하는 반복 행위. 일상 자체를 창의적으로 바라보라.	반응능력, 반복, 내면의 관찰
조 블러	뇌는 틀릴수록 성장한다. 나이 들어서도 학습과 변화는 가능하다.	뇌의 가소성, 성장 마인드셋, 질문과 시행착오

④ 나의 통합적 이해 (자기화):

능력은 단지 재능이 아니라, 삶의 고통을 직면하고, 문제를 해결하며, 내면의 열망에 창조적으로 반응하는 힘이다. 삶을 바꾸는 진짜 기술은 '스스로를 신뢰하고 반복하는 힘', 그리고 '실패에서 배우는 태도'다. 나는 더 이상 "할 수 있을까?"를 묻기보다, "어떻게 해낼 수 있을까?"를 묻기로 한다.

✏️ 내가 깨우친 새로운 능력:

- "능력은 타고나는 것이 아니라 키우는 것이다. 나는 실수하고, 고민하고, 반복하며 기술을 길러간다. 그 기술은 나의 삶을 창조하고 실현하는 진짜 도구다. 하고 싶은 일은 '내 안의 가능성'을 발견하고 실현하는 여정이다."

▶ 확장된 구성요소 요약:

항목	확장형(멘토 내면화 기반)
2. 정체성	나는 연결하는 사람이다. 사람과 사람, 생각과 생각, 삶의 의미를 연결하며 살아간다.
3. 신념 ① 행복 ② 일/여가 ③ 태도/가치 ④ 돈	① 나는 나를 쓸 때 행복하다. 몰입과 의미의 흐름에서 가장 생생함을 느낀다. ② 일은 생존이 아니라 자기실현의 장이고, 여가는 소비가 아닌 정체성의 확장이다. ③ 나는 내면 중심으로 선택하고, 실패는 학습이라 여기며, 감정은 스스로 책임진다. ④ 돈은 내가 추구하는 가치(자유, 기여, 성장)를 실현하기 위한 도구일 뿐이다.
4. 능력	내 능력은 반복된 몰입 속에 있다. 글쓰기는 나의 사유를 표현하는 도구이며, 질문은 삶을 관통하는 습관이다.

5
실행기반 청사진 설계

우리는 정체성을 선언하고, 신념을 정리하고, 능력을 발굴하고, 이들을 담아낼 수 있는 환경과 행동을 설계해왔다. 이제, 마지막 단계다. 지금까지 만든 이 청사진이 머릿속 **개념**으로 **끝나지 않고**, 지금 여기의 삶 속으로 연결되어야 한다. 즉, 개념이 **논리적 근거**와 **타당성**을 갖추어 살아 움직이도록 하려면, 다음 4가지 **구조화**가 필요하다.

① **개념 정리** – 이 개념이 왜 중요한가?

② **자기 질문** – 나에게 이 항목은 어떤 의미인가?

③ **선언/적용** – 내가 이것을 어떻게 표현할 수 있을까?

④ **실행 전략** – 이것을 일상에 적용하려면 무엇이 필요한가?

1. 기준 – 삶의 중심축

① 개념 정리:

기준은 **삶을 결정짓는 중심 원칙**이다. 무엇을 선택하고, 어디로 향할지 판단할 때 바깥의 소음이 아닌 내면의 나침반이 되어주는 것을 말한다. 흔들림 속에서도 나를 지켜주는 뿌리다.

② 자기 질문:

- 나는 어떤 가치들을 가장 중요하게 여기는가?
- 내가 '그건 아냐'라고 했을 때 어떤 가치에 위배된 건가?

③ 선언/적용:

- "나는 자유, 성장, 창의, 기여를 기준으로 결정을 한다."
- "내 선택은 '진짜 나'를 찾는 방향과 맞닿아 있어야 한다."
- _____

④ 실행 전략:

- 기준을 보이는 곳에 써두기
- 1회/주 기준에 맞는지 점검
- _____

▶ 선언 만드는 팁:

내가 **반복**해서 화났던 순간이나 후회한 선택의 **공통점**을 떠올려 보자. 이건 내 기준이 어긋났던 순간이다. 반대로, "**뿌듯**하다" 느낀 결정에 공통 가치가 있는지 살펴보면 도움이 된다.

2. 정체성 – 나의 삶의 방향과 태도

① 개념 정리:

정체성은 단순한 자기소개가 아니다. 삶의 모든 행동에 스며드는 **나의 태도와 존재 방식**이다. 무엇을 반복하고, 어떻게 몰입하며, 어떤 리듬으로 살아가려는가에 대한 이미지이다.

② 자기 질문:

- 나는 어떤 순간에 가장 나답다고 느끼는가?
- 사람들이 나를 어떻게 기억해주었으면 하는가?

③ 선언/적용:

- "나는 관찰하고, 연결하며, 표현하는 사람이다."
- "나는 사유를 실천으로 연결하는 사람이다."
- _____

④ 실행 전략:

- 나를 설명하는 문장을 프로필, 소개글, 대화에 사용해보기
- _____

▶ 선언 만드는 팁:

'친구 3명이 나를 뭐라고 표현할까?'를 생각하거나 내가 가장 몰입했던 활동 중에서 공통된 표현을 찾아보면 도움이 된다. 예를 들면, '관찰'하고 '표현'한다, '구조화'해서 '전달'한다.

3. 신념 – 삶에 대한 나만의 해석 틀

① 개념 정리:

신념은 **삶의 조건에 의미를 부여하는 방식**이다. '행복이란 무엇인가?' '일은 왜 하는가?' '여가는 어떤 시간인가?' 이런 해석이 삶의 방향과 만족도를 좌우한다.

② **자기 질문:**

- 나는 행복을 어떻게 정의하는가?
- 나는 일과 여가를 어떤 태도로 대하고 있는가?

③ **선언/적용:**

- "행복은 몰입과 연결에서 온다."
- "일 = 나를 표현하는 수단, 여가 = 나를 회복하는 시간."
- _____

④ **실행 전략:**

- 주간 일정에 '몰입'과 '연결'의 순간 의도적으로 넣기
- 일이든 여가든 내 해석틀로 의미 부여하기
- 신념이 흔들릴 때, '내가 정한 정의'를 소리내어 읽기
- _____

▶ **선언 만드는 팁:**

"나는 **행복**이란 ____이라고 믿는다.", "나는 **여가**를 ____으로 활용하고 싶다."와 같이 빈칸을 하루 3분씩 생각하고 메모를 하다보면, 그 개념에 대한 정의를 내리기 훨씬 쉬워진다.

4. 능력 – 나의 몰입 방식과 작동 원리

① 개념 정리:

능력은 단순한 기술이 아니라, 내가 몰입하고 성장하는 고유한 방식이다. 정체성과 삶의 방향성을 실제로 실현할 수 있는 내적 역량이다.

② 자기 질문:
- 나는 어떤 상황에서 몰입하는가?
- 반복하는 나만의 성장 루틴은 무엇인가?

③ 선언/적용:
- "나는 글쓰기와 구조화를 통해 몰입하고, 나를 창조한다."
- "나는 아침 시간의 집중력으로 나를 운영한다."
- _____
- _____

④ 실행 전략:
- 나만의 몰입 도구(시간, 공간, 방식)를 구조화하기
- 몰입 성공 사례를 노트에 적고 반복하기
- 1회/주 '몰입 노트' 점검하기
- _____

5. 행동/환경 – 삶의 루틴과 회복 조건

① 개념 정리:

모든 개념은 반복되는 **행동**과 **환경** 속에 뿌리내릴 때 비로소 살아 있는 것이 된다.

② 자기 질문:

- 나는 어떤 환경에서 가장 안정적으로 나를 표현하는가?
- 어떤 루틴이 나를 회복시키고, 방해하는 요소는 무엇인가?

③ 선언/적용:

- "나는 조용한 공간에서 글을 쓰며 나를 회복한다."
- "나는 감정을 구조화하고, 생각을 언어화할 때 살아있다."
- _____

④ 실행 전략:

- 하루 한 문장 쓰기
- 글쓰기 공간의 질적 관리 (소음 제거, 도구 정리 등)
- 방해 요소 차단 설정 (앱 제한, 특정 시간 차단)
- _____

▶ **실행전략 만드는 팁:**

모든 답은 내 안에 있다. "내가 제일 잘 작동하는 **시간/장**

소/도구는 언제인가?", "무너지기 쉬운 요인은 뭔가?", "그걸 막기 위한 작은 장치는?"라고 구체적으로 질문하면 답이 쉬워진다. 그리고 선택할 때는 너무 **크게 시작하지 말아야** 한다. **작게, 자주, 부담 없이** 시작하면 '내 것'이 되기 쉽다.

이 모든 과정을 기반으로, 내 삶의 설계도를 한 문장으로 통합할 수 있다면 그것은 삶의 지침이자 나침반이 될 것이다.

✏ 실행기반 정체성 선언문(예시):

"나는 자유와 창의성을 기준으로, 글쓰기를 통해 나를 표현하고, 몰입과 연결 속에서 행복을 실현한다. 매일 조용한 공간에서 루틴을 반복하며, 사유와 회복의 세계를 만들어간다."

- _____
- _____
- _____

✓ **[실행기반 청사진 설계서] - 확장형**

구성 요소	내 삶의 청사진(실행 기반)
1. 기준(삶의 중심축) □ 어떤 가치를 삶의 중심에 두고 있는가? □ 선택과 행동을 결정짓는 내면의 기준은 무엇인가?	**개념:** 나를 나답게 만드는 삶의 우선순위이자 선택의 기준이다. 내가 흔들릴 때 되돌아올 '삶의 축'이다. **선언:** 나는 '자유, 성장, 기여, 창의성'을 삶의 기준으로 삼겠다. 모든 선택은 이 4가지와 일치 여부로 판단한다. **실행 전략:** 중요한 결정 전 "이것은 나의 기준과 일치하는가?" 자문하기. 기준 선언문을 가시화(책상 위, 다이어리, 핸드폰 배경 등)하기.
2. 정체성(존재 방식) □ 나는 어떤 사람인가? □ 어떤 방향의 삶을 지향하는가? □ 나는 어떻게 살고 싶은가?	**개념:** 삶의 방향성과 태도를 말한다. 반복되는 행동과 몰입의 형태를 통해 드러나는 나의 본질적 태도를 말한다. **선언:** 나는 '깊이 관찰하고, 창의적으로 연결하며, 언어로 표현하는 사람'이다. 나는 '표현'과 '연결'을 통해 나다운 삶을 완성해갈 것이다. **실행 전략:** 매일 30분 글쓰기, 나만의 소개 문장 만들기, 주변 사람들의 피드백에서 정체성 키워드 수집하기
3. 신념(삶의 해석 틀) □ 나는 삶을 어떤 틀로 해석하는가? □ 행복이란 무엇이라고 믿는가? □ 실패와 변화에 대해 어떤 태도를 가지고 있는가?	**개념:** 내가 삶과 세계를 해석하는 방식이다. 신념은 정체성의 내부 에너지를 말한다. **선언:** 나는 내가 바라는 방향으로 변화할 수 있다고 믿는다. 실패는 방향 수정일 뿐, 나의 가치가 줄어들지 않는다고 확신한다. **실행 전략:** 나의 신념 점검 리스트 만들기, 부정적 자동 사고를 만났을 때 이야기 바꾸기 문장 훈련하기, 나의 신념 3문장 아침마다 반복하기
4. 능력(몰입 방식) □ 내가 잘할 수 있는 활동은 무엇인가? □ 몰입하며 시간을 잊는 활동은 무엇인가? □ 앞으로 더 키우고 싶은 능력은?	**개념:** 나의 에너지가 가장 잘 소통하는 방향과 잠재된 성장 가능성을 말한다. **선언:** 나는 개념을 구조화, 글쓰기, 관찰 능력이 뛰어나다. 앞으로 감정 표현과 예술적 감각을 더 키워갈 것이다. **실행 전략:** 3개월 프로젝트 도전(글쓰기, 콘텐츠 기획 등)하기, 나의 역량 매핑 후 성장 포인트 정하기, 1회/주 결과물 점검하기

5. 행동/환경(실천 루틴)	**개념:** 내 정체성을 지켜주는 삶의 물리적·심리적 토대가 된다. 루틴, 환경, 인간관계 등이 여기에 해당한다.
□ 내가 잘 작동하는 환경은 어떤가? □ 내 정체성을 유지하기 위해 필요한 일상 구조는 무엇인가? □ 내가 몰입하거나 회복하는 방식은?	**선언:** 나는 하루 2시간씩 글쓰기 루틴을 만들고, 자연과 연결되며, 나만의 공간에서 스스로를 정돈해 나가겠다. **실행 전략:** 주간 루틴표 만들기, '나만의 몰입 환경 체크리스트' 작성하기, 1회/월 나의 청사진 점검 일지 작성하기

▶ **정체성 선언문 :**

"나는 자유와 성장을 기준으로, 몰입과 표현의 삶을 선택하며, 매일 글쓰기를 통해 '진짜 나'를 완성해가고자 한다."

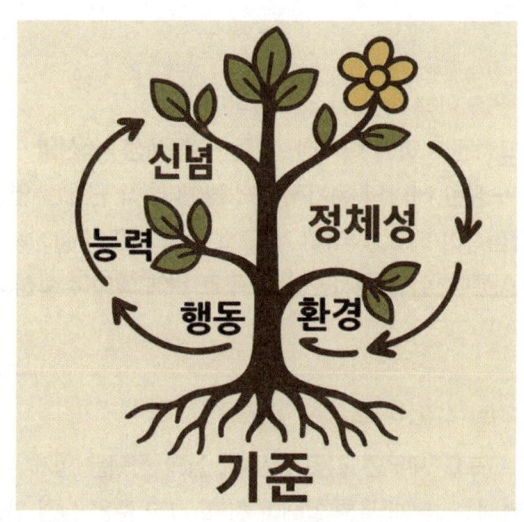

새로운 삶의 청사진 설계

퇴직 이후의 삶을 단순한 소일거리로 채우는 것이 아니라, '진짜 나다운 삶'을 살아가려면 정체성을 중심으로 한 삶의 구조 설계가 필요하다. **정체성 없이 방향은 없기** 때문이다.

① 목표 정체성 설정

삶의 방향은 하고 싶은 일을 찾는 데서 시작되지 않는다. 후반 삶을 준비하는 데 있어, 꼭 유의할 점은 정체성을 **깊결지도**에서 y=4 이상으로 설정하는 데 있다. 이 목표는 내 삶을 꿰뚫는 '지향점'이자 앞으로 모든 선택의 기준이 된다.

② 정체성 구조 이해 – 삶은 시스템이다

정체성은 고정된 자아가 아니라, **기준 → 정체성 → 신념 → 능력 → 행동/환경**으로 구성된 하나의 **유기적 시스템**이다. 각 단계는 연결되어 있으며, 기준이 중심축이 되고, 나머지 네 요소는 그 기준이 삶에서 작동하도록 돕는 구조를 이룬다. 삶의 청사진은 이 구조 위에 쌓여야 실천 가능한 설계가 된다.

③ 기준 선언문 – 삶의 중심축 세우기

방향 없이 목표를 세우면 길을 잃는다. 삶의 선택은 언제나 핵심가치에 기반한 **기준(삶의 중심축)**에서 출발해야 하고, 그 기준은 실천 가능한 **기준점**과 연결되어야 한다. 중요한 점은, 나의 핵심가치와 그것이 생겨난 삶의 맥락, 그리고 실천 방식을 하나로 담아내는 **기준 선언문**을 만드는 것이다.

④ 멘토 기반 자기화 – 내면 확장하기

선언문은 내 경험만으로 만들 수도 있지만, **삶을 깊이 통과한 멘토들의 사상과 통찰**을 자기화하면 더 넓고 깊어진다. 이 장에서는 멘토의 언어를 내 언어로 바꾸고, 그 통찰을 나의 기준과 연결함으로써 **삶의 청사진을 확장**하고 점검해본다. 이때 외부의 철학을 내 삶에 적용하고 내면화하는 것이 핵심이다.

⑤ 실행 구조 설계 – 실천 가능한 삶 만들기

선언만으로는 삶이 바뀌지 않는다. **개념 → 질문 → 선언 → 실행 전략**의 4단계 구조를 통해 청사진을 삶 속에서 작동 가능한 논리설계로 바꾸는 것이 중요하다. 선언은 실행되지 않으면 사라진다. 따라서 각 구성요소에 대해 반복 가능하고 현실적인 실행 전략을 논리적이고 타당성 있게 설계해야 한다.

⑥ 청사진 완성 – 실행 기반 청사진 설계서

이제 전체를 통합해 하나의 완성형 정체성 청사진을 만든다. 이 설계서는 개념이 아니라 내 **삶의 방향**과 **실행**을 **연결**하는 구조이자 선언이다. PART 2의 앞부분에서 그려본 '목표 정체성'은 이제 실제 실행 전략을 가진 논리구조로 완성되며, 우리는 이 청사진을 통해 자기 **삶을 설계하고 실천하는 사람**이 된다.

새로운 삶 설계의 핵심은 이것이다. 삶은 고정된 자아를 발견하는 여정이 아니라, **기준**을 세우고, 나를 **정의**하고, **신념**을 **구성**하고, **능력**을 **인식**하며, 그것을 **실천** 가능한 **삶의 구조**로 **연결**하는 자기 설계의 과정이다. 이 모든 것을 하나의 흐름으로 꿰는 팁이 있다. 첫째, 자기 질문, 둘째, 중심 도구는 자기 언어, 셋째, 중심 구조는 정체성 5단계 시스템이다.

지금까지 우리는 내 삶의 기준과 방향을 되짚으며, 새로운 삶의 청사진을 설계해보았다. 이 청사진은 단지 선언이 아니다. 지금부터 내가 엮어갈 삶의 설계도이자 실행 전략이다.

이제 이 설계도를 바탕으로 **'진짜 하고 싶은 일'**을 나의 정체성과 연결된 방식으로 탐색할 차례다. 단순한 욕구가 아닌, 내가 **살아갈 이유**와 **맞닿은 일**, 그 일을 어떻게 찾고, 구체화하고, 현실로 연결할 수 있을지 PART 3에서 함께 찾아보자.

PART 3.

하고 싶은 일로 삶 채우기

: 정체성 기반으로 진짜 원하는 일 찾는 법

라파엘로의 작품은 고대 철학자들의 집합체가 아니라, 철학적 사유의 발전을 표현한 작품이다.
특히 플라톤과 아리스토텔레스가 각각 이상과 현실을 대표하는 방식으로 대립되며, 이들은 인간의 지성과 철학이 어떻게 교차하고 발전할 수 있는지를 보여준다.

— 에른스트 곰브리치

하고 싶은 일 찾기:
정체성에서 출발한 실천의 시간

우리는 흔히 '하고 싶은 일'을 묻고 또 찾는다. 하지만 그것이 단지 직업, 취미, 소망처럼 겉으로 드러난 욕구에 그친다면, 그 일은 오래가지 못할 것이다. **진짜 하고 싶은 일**은, 내 삶의 **방향성**과 **정체성**과 연결될 때 비로소 **지속성**과 **에너지**를 얻게 되기 때문이다.

PART 2에서 우리는 삶의 기준을 정하고, 경험을 구조화하며, 청사진 설계를 통해 내 삶을 움직이는 **내적 원리**와 **방향성**을 도출했다. 그렇다면 PART 3는 전혀 새로운 시도가 아니다. 우리는 이미 '하고 싶은 일'의 윤곽을 경험한 셈이다. 따라서 이제 할 일은 단 하나다. 내 설계서 내에 자연스럽게 반복되는 감정, 행동, 에너지의 흐름을 해석하고, 그것이 구체적인 활동이나 일로 어떻게 이어질 수 있을지를 발견하는 것.

우리는 이제 정체성 기반의 삶 설계가 단순한 '찾기'에서 **실천**으로 넘어가는 시점에 와 있다. 막연한 '해야 할 일 찾기'가 아니라, 이미 내 안에 있는 하고 싶은 일의 **흔적**을 붙잡고, 그것을 **삶의 방식으로 전환**하는 탐색이 시작된다.

[하고 싶은 일 구체화 흐름도]

▶ **목적**: 존재기반과 경험기반 활동(일)을 나란히 비교하고, 몰입과 의미가 만나는 지점에서 진짜 하고 싶은 일 찾기

4.1 감정의 숲에서 진짜 나와 마주하기: 존재기반의 삶 인식
[나무(직업)가 아니라 숲(존재 활동)으로 바라보기]
반복되는 **감정**의 흐름 관찰 → 정체성의 숲 → 진짜 나

⇩ 핵심요인: 감정의 흐름 속에 반복되는 '몰입' 패턴 발견

4.2 청사진에서 하고 싶은 일 찾기: 존재기반 활동
[청사진에서 하고 싶은 '일의 씨앗' 찾기]
① 키워드 추출 → ② 명명 → ③ 작은 실천 → ④ 감정 점검 → ⑤ 구조화

⇩ 핵심요인: '나의 언어'로 정의하고, 작게 실험해보는 실천 루틴

4.3 프로젝트로 발견하는 원하는 일: 경험기반 활동
[작고 의미 있는 프로젝트 → 실천 → 하고 싶은 일]
존재기반 활동과 경험기반 활동을 비교해서 진짜에 더 가까운 일 찾기

⇩ 핵심요인: 나만의 방식으로 삶을 만들어 가는 반복 실행

4.4 깊결지도로 원하는 일 검증: 최종 객관성 확보
[몰입(x축)과 정체성(y축)으로 보는 삶의 전환점]
좌표축에서 점검하고, 다음 단계를 위한 능력을 의식하며 실행을 조정

▶ **핵심 도구는? 바로 '작은 실천'과 '이름 붙이기'**

작게 해보는 실천은 나만의 감각을 만든다.

이름 붙이기는 상상을 현실화하는 언어적 설계다.

실행은 곧 정의다. 해본 사람이 자기 일을 만든다.

4
진짜 원하는 일,
어떻게 찾을까

1
감정의 숲에서 '진짜 나'와 마주하기

지금까지 우리는 서두르지 않으면서 여기까지 왔다. 물론 한꺼번에 답을 찾으려 하지도 않았다. 이 말의 뜻은 이제 어느 정도 인생 문제를 풀어 가는데 나름대로 감을 잡았다는 뜻이다. 다음 문제를 풀어보면서 한 걸음 더 나가보자.

1. 스스로 하고 싶어 하는가

다음 문제를 읽고 '외부의 요구나 사회적 기대에 맞춰 하는 일'과 '스스로 하고 싶어 하는 일'을 구분해보자.

문제1. 다음 중 스스로 하고 싶어 하는 일은?
  ① 회사에서 맡은 프로젝트 수행
  ② 집안 청소나 정리정돈
  ③ 직장동료들과의 모임
  ④ 회사에서 시키는 봉사활동 참여

문제2. 다음 중 내가 진짜 하고 싶어 하는 일은?
① 좋아하는 책 읽기
② 취미나 관심에 맞는 창작 활동
③ 건강을 위한 운동
④ 자기 내면과 소통하는 명상

2. 감정의 숲 입구에서

답을 말하기 전에, 우선 가만히 눈을 감아보자.
어떤 장면이 떠오른다.
책상 앞에서 글을 쓰던 순간, 누군가와 깊은 대화를 나누던 장면, 아니면 혼자 걷다가 문득 울컥했던 시간.
이런 장면들엔 늘 감정이 묻어있다.
시간이 지나도 선명하게 떠오르고, 다시 생각하면 가슴 한 켠 어딘가 찡해지는 그 느낌. 그런 순간들이 있다면, 나는 이미 **감정의 숲** 어딘가에 서 있는 것이다.

하고 싶은 일은 남들 앞에서 어깨 으쓱해하는 일이 아니라,
내 감정의 **기억**이 반복되는 **깊결** 숲 속에 있는 활동이다.
우리는 흔히 하나의 '일(나무)'을 찾으려 하지만,
먼저 그 나무들이 자라는 **숲의 분위기, 정체성의 기후,**
즉 나만의 **깊결**을 살펴야 한다.

그 숲이 바로 나의 방향성과 가능성이 숨 쉬는 공간이다.

3. 질문이 바뀌면, 늘 보던 풍경도 달라진다

저자는 퇴직 후 무엇을 해야 할지 고민을 많이 했다. "퇴직금으로 뭘 해야 하지?", "앞으로 뭘 하며 살지?" 이런 질문은 늘 생존을 중심에 두고 있었다. 외부 기준과 환경에 대응하는 문제, 즉 앞의 '문제1'에 해당한다. 자격증, 창업, 투자….

하지만 마음은 그렇지 않았다. 오히려 늘 꿈꾸던 그 자유에서 멀어지는 듯해서 식상하고 억지스러웠다.

그러던 어느 날, 오래된 회사 다이어리 노트를 꺼냈다.

거기에는 프로젝트가 끝난 다음의 느낌들, 동료들과의 대화, 혼잣말 같은 기록들이 여기저기 흩어져 있었다.

그걸 읽는 동안 퍼즐을 맞추기 위해 질문을 바꾸게 되었다.

"나는 어떤 순간에 나다웠지?"

"무엇을 할 때, 내가 진짜 살아 있다고 느꼈지?"

질문이 바뀌자, 전에는 보이지 않던 숲이 보이기 시작했다. 그제야 나무에 시선을 두기보다, 온전히 바라고 싶은 **삶의 분위기 전체**를 느끼게 되었다. **진짜 원하는 일**은 그렇게 '문제2'에서, 즉 내 마음 속 깊은 숲에 존재했던 것이다.

4. 숲에서 얻는 보석

'문제1'에는 정답이 없다. 하지만 '문제2'는 모두 정답이다. '문제1' 앞의 지문을 다시 찬찬히 읽어보면, 왜 그것이 '진짜 하고 싶은 일'이 아닌지 알게 된다. 그 항목들은 하나같이 '나'가 아닌 타인의 기대와 필요에 반응하는 일들이다. 즉, **y=4 이하**에 해당하는 일들이다. 이처럼 우리가 했던 결정은 단순한 선택처럼 보이지만, 거기에는 우리가 살아온 삶의 구조와 앞으로 가야 할 방향이 깊숙이 숨어 있다.

사실 '문제1'에 있는 활동들은 낯설지 않다. 회사 일, 집안일, 인간관계, 봉사활동…. 이들은 지금까지 우리의 삶을 구성해온 '나무'들이다. 매일매일 처리하고 반응하며 살아온, 외부 요구에 기반을 둔 삶의 결과물이다.

반면에 '문제2'의 활동은 조금 어색하게 느껴진다. 책 읽기, 창작, 명상, 감정의 끌림을 따라가는 자기만의 활동들. 이들은 우리가 진짜로 하고 싶은 일, 즉 **'나의 감정'과 '나의 정체성'이 만나는 활동**이다. 이건 삶 전체의 방향성을 품은, '나무'를 감싸고 있는 더 큰 구조인 '숲'에 해당하는 일들이다.

우리는 너무 오랫동안 '나무'를 중심으로 살아왔다. 하나의 활동, 하나의 성과, 하나의 역할. 그러다 보니 내가 어디에 서 있는지도 모른 채, **깊결지도의 '좌측 하단'**에 있으면서도 나는 '우측 상단'에 있다고 착각하는 **정체성의 착시** 속에 빠지곤 한다.

　진짜 문제는 그 착시를 자각하지 못하는 데 있다. 우리는 이미 앞서 **깊결지도**를 보면서 '내가 어디에 있고, 어디로 향하고 있는지'를 충분히 살펴보았다. 하지만 '정체성 설계'에 몰두했던 시간이 지난 지금도, 여전히 스스로를 '하고 싶은 일을 하는 사람'이라 착각하기 쉽다. 그래서 아직도 이렇게 말한다. "나도 이미 하고 싶은 걸 하며 살고 있다고." 그러나 그 활동이 정말로 **내 감정에서 출발한 것인지**, 아니면 여전히 **누군가의 시선에 반응하고 있는지** 나에게 묻지 않는다.

　많은 사람들이 '카페' 창업을 꿈꾸며 그것이 하고 싶은 일이라고 생각한다. 하지만 그 안에 어떤 감정이 자리하는지 살펴보면, 전혀 다른 두 길이 있다. 같은 카페 일이라도 그 **선택**에 따라, 현실 도피형 **이상향**일 수도 있고, 진짜 감정 기반의 **몰입 활동**일 수도 있다. 아래 표를 읽으면서 나는 어디에 해당하는지 점검해보자.

▶ 카페 일의 두 얼굴

구분	현실 도피형(no go)	내적 감정 기반형(go)
출발 동기	회사 탈출, 스트레스 회피	순수한 관심과 열정
기대 요소	자유로운 시간, 예쁜 공간	커피의 맛과 향에 대한 호기심, 추출 방식에 대한 탐구
현실과 괴리	기대와 현실의 차이가 큼	현실의 어려움도 수용
지속 가능성	흥미가 쉽게 식고, 스트레스가 자주 발생	시간이 지나도 꾸준한 열정 유지
몰입도	낮음, 피로 누적 가능성	높음, 시간 가는 줄 모름
성취감	외부 평가에 좌우	작은 성과에도 뿌듯함
위기 대처	스트레스에 쉽게 흔들림	문제 해결에 적극적
대표 감정	"이럴 줄 알았으면 시작도 안 했을 걸…"	"힘들지만 재미있어, 더 잘해보고 싶어"

요약하자면, **현실 도피형 카페 일**은 겉보기엔 번지르르하고 자유로워 보여도, 내면에서 우러나온 진짜 욕망이 아니라면 금방 지치고 스트레스가 다른 모습으로 등장한다. 반면, 진정 **하고 싶은 카페 일**은 어려움이 있어도 몰입과 즐거움 속에서 지속되고, 자기 삶의 방향성을 잡아주는 나침반이 되어준다.

5. 정체성과 연결된 활동의 조건

진짜 하고 싶은 일은 나의 정체성과 깊이 연결되어 있다. 정체성 기반의 활동은 다음과 같은 **감정적 특징**이 있다.

- **몰입**: 그 일을 할 때 시간 가는 줄 몰랐다.

- **여운**: 활동이 끝난 후에도 계속 생각이 났다.
- **반복**: 자꾸 그와 유사한 상황이나 장면이 떠오른다.

이 세 가지는 우리의 삶 속에서 반복적으로 나타나는 **정체성 신호**다. 이 활동은 나의 가치, 감정, 세계관과 긴밀하게 연결되어 있다. 이런 활동은 외부 보상보다 내적 충족감에서 그 동기를 얻는다. 바로 이것이 정체성과 연결된 **진짜 하고 싶은 일**이라는 뜻이다.

그렇다. 우리는 '일'을 직업명으로만 이해했다. 하지만 진짜 하고 싶은 일은 번듯한 직업명에 있지 않다. 정체성과 연결된 **깊결 숲** 속에서 자란 활동들, 즉 내 삶의 방식과 활동 언어로 정의되는 것이어야 한다.

"나는 카페 사장이다"보다

"나는 일상에 쉼을 주고, 감각으로 사람을 이어주는 분위기 큐레이터다"라고 할 때,

그 일은 직업을 넘어 진정 살아 있는 삶이 된다.

일을 찾는 것이 아니라, **삶을 표현**하는 언어를 찾는 것이다.

6. 감정의 숲으로 향하는 질문들

다음은 우리의 느낌을 탐색하는 데 도움이 되는 질문이다.

한 가지 장면을 떠올리고, 그 장면을 따라가며 답해보자.
- 일상에서 어떤 장면이 자꾸 생각나는가?
- 그때 나는 어떤 느낌을 가졌던가?
- 그 감정은 어떤 활동과 연결되어 있었는가?
- 그 느낌은 지금 다시 떠올려도 나를 움직이는가?

이 질문들에 솔직하게 답하다 보면, 우리는 서서히 내 감정이 머무는 숲의 분위기를 느끼게 된다. 이 숲은 우리가 앞으로 살아갈 삶의 배경이자, 나만의 하고 싶은 일이 시작되는 곳이다.

우리는 이제 하고 싶은 일을 찾는 여정을 시작하려 한다.
그렇다면 먼저, 내 깊결지도가 어떤 기후와 기준에 적합한지 살펴야 하지 않을까.
이제 감정의 숲에서 발견한 기억의 퍼즐들을 펼쳐놓고,
끼리끼리 **정리**하고, **이름 붙이고, 맞춰볼** 차례다.

숲을 보는 질문

감정과 몰입 경험을 언어화함으로써 **숲의 이미지**를 형성한다.

Q1. 어떤 활동에서, '시간이 멈춘 것 같다'는 느낌을 받았나?

✏️ 나의 답변:
- _____

_____

예시) 주말 아침에 혼자 카페에 앉아 어떤 문장을 쓰고 있었는데, 문득 고개를 들었을 때 한 시간이 지나 있었다. 누가 시킨 것도 아닌데, 그 순간 나에게 집중돼 있었다.

Q2. 어떤 활동이 끝났을 때, 아쉽고 다시 하고 싶다는 느낌이 들었던 적이 있나? 왜 그런 느낌이 들었는지 적어보자.

✏️ 나의 답변:
- _____

_____

예시) 자원봉사로 학생에게 글쓰기를 가르쳤던 날. 2시간 수업이 끝났는데도 뭔가 더 해주고 싶었고, 집에 돌아와서 그 아이가 어떤 글을 쓸지 계속 생각났다.

Q3. 어떤 순간에 예상치 못한 느낌(울컥함, 뭉클함 등)이 밀려왔던 경험이 있는가? 그 감정은 왜, 어디서 온 것일까?

✏️ 나의 답변:
- _____

_____

예시) 우연히 예전 일기장을 읽다가, "지금 내가 사라진 것 같다"는 문장을 보고 울컥했다. 그때는 매일 쓰던 글이, 지금은 사라져버린 걸 느꼈기 때문인 것 같다.

Q4. 반복적으로 끌리는 감정이나 장면, 활동이 있는가? 그것이 나에게 말해주는 것이 무엇일지 생각해보자.

✏️ 나의 답변:

- _____

> 예시) 매일 아침 혼자 산책하며 음악을 듣는 시간. 늘 같은 길인데도 이상하게 놓치고 싶지 않다. 아마도 그때만큼은 내가 나와 함께 있는 유일한 시간이라 그런 것 같다.

Q5. 누가 시키지 않아도 스스로 시작하고, 멈추기 어려운 활동이 있는가? 그것을 할 때의 느낌이 어떤지 묘사해보자.

✏️ 나의 답변:

- _____

> 예시) 나만의 여행 일정을 짜는 일. 시간을 잊고 검색하고 기록하다 보면, 아직 떠나지도 않았지만 이미 어딘가를 가본 느낌이 든다. 아마도 그건 내가 자유를 계획하는 유일한 순간이기 때문일 것이다.

Q6. 지금까지 쓴 활동과 감정을 다시 살펴보며 공통점을 찾아보자.
어떤 키워드나 맥락이 반복되는가?
그것이 내 삶의 숲의 분위기, 즉 느낌의 취향이다.

✏️ 나의 답변:

- _____

> 예시) 혼자 몰입하고, 진심을 나누는 순간에 마음이 움직였다. 반복되는 키워드는 고요함, 몰입, 연결, 자유. → 내 숲의 분위기: 조용히 나를 만나는 공간.

나무 vs 숲 감정 분석

전반부 삶에서 해온 일을 돌아보고, 그것들이 내면 감정과 연결되는지 분석함으로써 진짜 하고 싶은 일이 어떤 기준으로 식별되는지 감각적으로 이해한다. 내 활동을 감정, 의미, 핵심가치 차원에서 재평가하고, **좌표의 이동 가능성**을 살펴보자.

◆ **STEP 1. 내가 지금까지 해온 활동('나무') 떠올리기**

아래 빈 칸에 내가 전반부 삶에서 자주 해온 활동을 기록해보자. 업무, 관계, 역할, 반복된 일상 등 어떤 것이든 상관없다.

활동명 (나무)	활동에서 느낀 감정	통제 소재
예: 회의 준비	긴장, 피로, 잘해야 한다는 압박감	☐ 내 감정 ☑ 타인 기대
예: 자녀 학교 행사 참석	책임감, 약간의 귀찮음, 기쁨	☐ 내 감정 ☑ 타인 기대
예: 글쓰기 블로그 운영	몰입, 해방감, 나답다는 느낌	☑ 내 감정 ☐ 타인 기대
✎	✎	☐ 내 감정 ☐ 타인 기대

▶ **활용 팁:**
마지막 빈 칸은 "이 감정은 내가 선택한 삶의 일부였는가?"를 직접 써보면서 내가 해 온 활동을 성찰해보는 공간이다.

◆ **STEP 2. 감정이 남은 활동은 숲의 일부다**

위 표에서 '내 감정'을 체크한 활동 중, 감정이 깊게 남아 있거나 **"다시 하고 싶다"는 생각이 드는 활동**이 있다면 아래에 적어보자.

▶ 숲을 보는 질문:
이 활동은 왜 인상 깊었나?
그 활동 속에서 나는 어떤 정체성을 경험했나?

✎ 나의 답변:

- _____

예시) 성장일지 쓰기는 내가 하고 싶은 말, 나만의 언어로 세상을 해석하는 기회였다. 거기엔 누구의 기준도 없고, 나답다는 느낌이 뚜렷했다. 그 활동은 나를 표현하고 새로운 것을 창조하는 정체성을 깨닫게 해줬다.

◆ **STEP 3. 나무와 숲을 구별하는 나만의 기준 정리**

내가 지금까지 살아온 삶의 '**나무**'들은 어떤 특징이 있었나?
내가 앞으로 구성할 '**숲**'은 어떤 감정을 품고 있어야 할까?

항목	나무의 특징	숲의 특징
감정 기반	외부 반응, 피로, 의무	몰입, 해방감, 기쁨
동기 구조	타인의 기대, 생존	나의 가치, 표현, 성장
삶에서의 위치	유지와 책임 중심	방향과 확장 중심
나의 정체성 감각	사회적 역할 수행자	창조자, 표현자, 몰입자

✎ 나의 정의 내리기:
"나에게 '숲'이란…"

- _____

  _____

  예시) 감정이 살아 있는 공간, 내가 나로 존재할 수 있는 활동의 조합, 삶이 빛나는 순간들…

감정이 말해주는 방향이 보이기 시작한다면, 이제 그 감정의 **뿌리**를 들여다볼 차례다. 내가 왜 그 감정에 그렇게 깊이 **반응**했는지를 묻는 순간, 우리는 **존재 이유**라는 숲의 중심부에 다다르게 된다.

많은 사람들이
'하고 싶은 일'을 찾으려고
끊임없이
바깥을 기웃거린다.
하지만 사실,
우리는 이미
그 답을 가지고 있다.

Part 2에서 정성껏 설계한
나만의 정체성 청사진.
이제, 그 청사진을 펼쳐
내가 하고 싶은 일의
씨앗을 발견할 차례다.

2
청사진에서 하고 싶은 일 찾기: 기본형

이제 앞서 설계한 '[실행기반 청사진 설계서] – 확장형'을 바탕으로 내가 진짜로 하고 싶은 일을 구체적으로 찾아가는 과정을 알아보자. 이것은 기본형 **개념** 설계서가 확장형 **논리** 설계서로 한 것을 이제 물리적으로 일상에 적용하는 일이다.

〈 정체성 청사진을 실행으로 바꾸는 5단계 〉

단계	설명	핵심 질문
① 키워드 추출	청사진에서 감정, 루틴, 핵심가치의 단서를 찾는다.	무엇이 날 움직이게 했나? 어떤 활동이 자주 반복되나?
② 이름 붙이기	추출한 키워드를 조합해 그 활동에 이름을 붙인다.	이 활동은 어떤 말로 표현할 수 있을까?
③ 작게 실천	가능한 가장 작은 단위로 그 활동을 실험해본다.	당장 해볼 수 있는 실천은? 부담 없이 시작하려면?
④ 감정 점검	실천 후 감정의 반응을 관찰하고 방향을 조정한다.	이것은 나에게 어떤 느낌을 주는가? 더 하고 싶은가?
⑤ 구조화	일정한 방식으로 반복되는 활동을 구체화하고 내 삶에 통합한다.	이 일을 지속 가능하게 만들려면 무엇이 필요할까?

① 핵심 키워드 선택 – '일의 씨앗' 찾기

진짜 하고 싶은 일은 전혀 새로운 것이 아니다. 오히려 아주 익숙한 것, 이미 반복하던 **감정**과 **루틴** 속에 숨어 있다. 먼저, 청사진 설계서에 있는 구성요소와 실행기반 설계서 내용을 천천히 읽어보자. 그리고 자신이 자주 반복했던 생각이나 매력을 느꼈던 추억들을 중심으로 **핵심 단어**를 추려보자.

예를 들어 '글쓰기', '감정 관찰', '성찰', '루틴', '정체성', '공유', '대화', '회복' 같은 단어들이 될 수 있다.

이 단계는 내가 어떤 삶의 방식에 이끌리고, 어떤 **실천**을 하고 싶어 하는지 드러내는 **'일의 씨앗'**을 발견하는 과정이다. 이 실마리는 내가 원하는 활동이나 일의 재료가 된다.

② 키워드 조합으로 이름 붙이기 – '일의 숲' 상상하기

이제 단계1에서 모은 단어를 자유롭게 조합해보자. 그리고 그 조합이 하나의 역할이나 활동이 된다면, 어떤 이름을 붙일 수 있을지 생각해보자. 다음과 같이 명명할 수 있다.

- 감정 관찰 + 글쓰기 → 감정 에세이 작가
- 회복 + 루틴 → 회복 루틴 설계자

이 과정은 기존의 직업군에 나를 억지로 끼워 맞추는 것이 아니라, 내 일상에서 길어 올린 단어로 새로운 활동을 **'발명'**하는 창조적 작업이라 할 수 있다.

③ 끌리는 활동 하나를 작게 실천하기

이제 이름 붙인 활동 중에서 가장 마음이 **끌리는** 것을 하나 골라, 작고 반복 가능한 실천을 구상해보자. 여기서 중요한 점은 지금 당장 **작게 시작**할 수 있느냐다.

예를 들어, '정체성 에세이 작가'라는 이름이 끌린다면, 매주 감정과 정체성을 주제로 글을 쓰는 것으로 시작해볼 수 있다.

작게 시작하는 실천은 이상과 현실을 연결하는 다리가 된다. 부담 없이 반복 가능해야 하고, 일상에 잘 녹아들 수 있어야 계속할 수 있다.

④ 실천 후 감정 점검하기

작은 실행을 해보았다면, 그 활동을 할 때 느낀 **감정**을 솔직하게 점검해보자. 설렘, 몰입, 기쁨, 시간 가는 줄 모름, 에너지 상승과 같은 느낌은 몸이 나에게 말하는 중요한 **신호**다. 반대로 억지로 해야 하거나 금방 지치는 느낌이라면 조정이 필요하다.

이 단계는 내가 찾은 활동이 단지 '이상향(no go)'이 아니라, 현실 속에서 나와 잘 맞는가(go)를 확인하는 과정이다.

⑤ 활동 구조화 프레임

어떤 활동이 나와 잘 맞고, 반복할수록 에너지가 생긴다면, 이제 그 활동을 '하나의 일'처럼 **구조화**할 수 있다. 구조화란 어떤 활동이 지속 가능하도록 **형태**와 틀을 갖추는 과정이다.

쉽게 말해, 내가 하고 싶은 일을 **의미 있는 활동**으로 바꾸는 작업이라 하겠다. 몸을 써서 경험한 활동은 우리가 얼마든지 실행 가능한 행동/환경 단계의 구조로 구성할 수 있다. 이 구조화 프레임은 5가지 주요 요소로 요약할 수 있다.

〈 활동 구조화 5가지 구성요소 〉

구성 요소	주요 내용
대상	이 활동은 누구를 위한 것인가? → 자기 성찰과 감정 표현에 관심 있는 사람 / 나처럼 혼란을 겪는 사람 등
형태	이 활동은 어떤 방식으로 전달될 수 있을까? → 쓰기, 강의, 소규모 모임, 콘텐츠 제작 등
주기	이 활동은 얼마나 자주 반복될 수 있을까? → 주 1회 에세이 작성 / 월 1회 모임 / 분기 콘텐츠 생산
도구	이 활동을 가능하게 해주는 매개나 플랫폼은 무엇인가? → 소모임, 인스타그램, 브런치, 개인 블로그 등
활동 이름	이 프로젝트를 상징하는 이름은? → 정체성 에세이 작가 / 나로 존재하기 연습장 / 나를 회복시키는 문장들

이 5단계는 그 자체로 나 자신을 알아가고 살아내는 과정이다. 그리고 그렇게 살아낸 시간들이 쌓일수록, 우리는 점점 더 '진짜 나'에 가까워질 수 있다. 워크시트로 직접 해보자.

정체성 기반 활동 / 일 찾기

◆ **STEP 1. 핵심 키워드 뽑기**

나의 이상적인 삶(청사진)에서 드러나는 감정, 루틴, 태도 등을 자유롭게 떠올려보고, 그 안에서 자신을 움직이게 하는 핵심 요소(가치, 관심사, 행동 패턴)를 포착하기 위한 단계다. 나의 청사진 속 삶의 방식을 떠올리며 활동 관련 키워드를 자유롭게 적어보자.

✏️ 청사진 키워드:

- _____

  예시) 글쓰기, 성찰, 감정 관찰, 조율, 루틴, 나로 존재하기, 정체성, 공유, 대화, 회복

◆ **STEP 2. '일의 숲'을 상상하며 이름 붙이기**

STEP 1에서 나온 키워드를 조합해 보며, 그것들이 실제로 어떤 활동이나 역할로 나타날 수 있을지 창의적 상상을 통해 구체화하는 단계다. 추상적인 키워드들을 나만의 직업/역할/프로젝트 언어로 바꾸어보자.

사용된 키워드 조합	활동 이름
감정 관찰 + 글쓰기 + 성찰	감정 관찰 글쓰기 코치
회복 + 루틴 + 조율	회복 루틴 설계자
정체성 + 글쓰기 + 성찰	정체성 에세이 작가
조율 + 감정 관찰 + 대화	조율 기반 감정 큐레이터
나로 존재하기 + 루틴 + 공유	나로 존재하기 리추얼 운영자

✏️ 내가 붙여본 이름들:

- _____

◆ **STEP 3. 가장 끌리는 것 1개 선택 → 작게 실천해보기**
가장 끌리는 활동 하나를 선택하고, 지금 당장 할 수 있는 작고 반복 가능한 실행을 해보자.

✏️ 선택한 이름:
- _____
  예시) 정체성 에세이 작가

✏️ 작게 시작해보기 실천:
- _____
  예시) 매주 한 편의 정체성 관련 글을 작성하여 블로그나 SNS에 공유한다.

◆ **STEP 4. 리추얼 선언**
선택한 활동이 나에게 왜 의미 있는지 명확히 하고, 그것을 지속할 수 있는 내적 동기를 언어화함으로써 루틴으로 해보는 단계이다. 이 활동이 왜 나에게 중요한지, 어떻게 나를 유지하는지 한 문장으로 선언하면서 리추얼을 만들어보자.

✏️ 나의 리추얼 선언문:
- _____
  예시) "나는 글쓰기를 통해 나의 정체성을 다시 기억하고 회복한다."

◆ **STEP 5. 활동 구조화 프레임**
STEP 3의 작은 실천을 발판으로 이 활동을 실제 삶에 어떻게 적용하고 운영할 수 있을지 체계적으로 구성하는 단계이다. 대상, 형태, 주기, 도구를 정리하여 시각화함으로써 활동의 지속 가능성과 실현 가능성을 높이게 해준다.

▶ 구조화 프레임 예시:

구성 요소	예시	나의 활동
대상	자기 성찰과 감정 표현에 관심 있는 사람	
형태	글쓰기 연재, 감정일기, 온라인 글쓰기 소모임	
주기	월 1회 오픈채팅 대화 모임	
도구	블로그	
활동 이름	정체성 에세이 작가	

◆ STEP 6. 내가 찾은 활동/일 요약

🖉 내가 찾은 활동/일:

- _____

    예시) "정체성 에세이 작가" — 나와 타인의 정체성을 성찰하고 감정과 언어로 표현하여, 회복과 연결을 돕는 글쓰기를 지속하는 사람이다.

우리는 '청사진'이라는 내면 설계도를 바탕으로, 하고 싶은 일의 씨앗을 찾고, 그것에 이름을 붙이고, 작게 실천해보는 과정을 알아보았다. 다음으로 할 일은 무엇일까?

이제 남은 건 지속성, 확장성이다. '작게'에서 '더 크고 더 자주' 해보기로 넘어가야 한다. 내 감정과 연결된 활동이 일회성으로 그치지 않고, 일상의 일부로 자리 잡으려면 어떻게 해야 할까? 바로 그 해답은 '프로젝트'에 있다.

3
프로젝트로 발견하는 나만의 일: 확장형

1. 프로젝트 방식으로 확장하기

프로젝트란 거창한 계획이 아니다. 그것은 내가 살아보고 싶은 삶의 한 장면을, 짧고 작게 '실험해보는 시도'일 뿐이다. 중요한 것은, 나의 감정과 기준에서 출발한 활동을 지속 가능한 형태로 설계해보는 것이다.

앞서 키워드를 조합하고 작은 실천을 하는 동안 '진짜 하고 싶은 일'의 실마리를 찾았다면, 이제 그것을 프로젝트라는 더 큰 규모의 그릇에 담아보자. 프로젝트는 내가 원하는 삶의 방향성을 실행 가능한 형태로 바꾸는 확실한 도구다. 이것은,
- ✓ 직업일 필요도, 수익이 있어야 할 필요도 없다.
- ✓ 실패해도 괜찮다. 완성되지 않아도 좋다.
- ✓ 중요한 건, 실천으로 나를 알아가는 경험이면 족하다.

이 장에서는 '작고 의미 있는 프로젝트'를 통해, 내가 진짜 원하는 일을 어떻게 구체화할 수 있는지 알 수 있다.

여기서 프로젝트란 "목표가 있고, 일정 기간 동안 집중해서 실현해보는 활동 단위"를 말한다. 내가 해보는 작은 규모의 **실험/창작/시도**를 어떻게 구성하면, 내가 원하는 일과 연결 지을 수 있는지 알아보자.

우선, 앞 장에서 했던 키워드들을 **조합**하여 만든 일의 이름을 프로젝트처럼 설정해볼 수 있다.

활동/일 이름 = 프로젝트	설명
감정 일기 100일 프로젝트	매일 감정과 상황을 기록하며 나를 관찰
'기 세우기 루틴' 글쓰기 도전	흔들릴 때마다 글로 나를 되찾는 성찰
'나로 사는 하루' 소모임	하루 루틴을 만드는 소규모 동아리 운영
감정 성찰 에세이 12편 쓰기	매달 1편씩 내 감정/변화를 글로 쓰기

이런 프로젝트는 내가 **내 삶을 일궈가는 체험**이다. 완성형이 아니어도 되고, 도중에 바뀌어도 좋다. 중요한 것은 시작이다. 내가 할 수 있는 일이라는 숲의 관점에서 바라보면, 직업보다 오히려 더 진정성 있고 실행 가능성이 높아진다.

이때, 내 정체성을 **어떤 방식**으로 **표현**할지 고민하는 것이 중요하다. 다음에 있는 **정체성을 살리는 3가지 전략**을 참고하여, 프로젝트의 이름에 나만의 철학과 삶의 의미를 담아보자. 이를 통해 프로젝트는 단순한 활동을 뛰어넘어, 내 **삶의 방향**과 **중심축**을 **실현**하는 **도전**이 될 수 있다.

2. 정체성을 살리는 3가지 전략

은퇴 후의 삶은 단순한 휴식이 아니라, 새로운 정체성을 실험하고 **나답게** 살아가는 시간이다. 이때 활동은 단순한 단어가 아니라 **삶의 방식**과 **철학**을 드러내는 중요한 도구가 된다. 다음은 그런 삶을 위한 세 가지 전략이다.

① 정체성 중심

내가 누구인지, 어떻게 살고 싶은지 스스로 선언하는 방식이다. '존재 중심 루틴 프로젝트'처럼 자기 **철학**과 **감정**을 담아 **자신을 정의**하는 방식이 여기에 해당한다.

유형	예시
"나는 ○○하는 사람이다"형	감정을 돌보는 작가 프로젝트, 나로 존재하는 글쓰기 도전
자기 철학 강조형	존재 중심 루틴 프로젝트, 자기존중 에세이 프로젝트, '깊고도 결이 있는 삶' 탐구
자기화 선언형	내 감정의 의미 모음집, 나를 찾는 리추얼 다이어리, '나는 누구인가' 쓰기 100일

② 삶의 의미 중심

'무엇이 내 삶에 의미를 주는가?'라는 질문에서 출발해 활동을 정의하는 방식이다. 나의 경험, 창작, 태도, 성장, 사회적 기여 등 핵심가치를 **실천 방향**으로 삼는다.

유형	설명	예시
경험 기반	감정, 관계, 자연, 감각적 체험에서 의미를 찾는 경우	나를 감동시킨 하루 모음집, 소중한 만남 기록 프로젝트
창조 기반	표현, 제작, 창작 활동을 통해 의미를 실현하는 방식	감정 워크북 출판 프로젝트, 나의 성장일지 노트 제작기
태도 기반	고통, 불안, 한계를 받아들이는 태도에서 의미 도출	불확실에 마주하기 모음집, 견딤의 미학 에세이 모음집
성장 기반	나 자신의 성숙과 변화 과정에 의미를 두는 경우	나를 키운 질문 100가지, 내면 여행 루틴 기록일지
기여 기반	타인이나 사회에 긍정적인 영향을 주는 방식	감정 글쓰기 멘토링, 오십 이후의 삶 사례 연구회

③ 루틴/실천 중심

하루의 리듬과 반복을 존중하며, **실천**의 **지속 가능성**을 중시하는 방식이다. 이것은 '아침 10분 회복 쓰기', '루틴 만들기 3주 도전'처럼 시간, 공간, 습관과 연결된 구조로 삶에 스며들 수 있게 돕는다.

유형	예시
시간 기반형	매일 아침 10분 글쓰기, 매주 1편 정체성 기록하기, 밤 9시 감정 정리 도전기
습관 강조형	습관 만들기 3개월 도전, 감정 응시 루틴 만들기, 하루 3줄로 나 관찰하기 루틴
장소/공간 연동형	조용한 책상 위 프로젝트, 노트 속 정체성 연구소, 창가에서의 사유관찰 기록

일을 찾는다는 것은, 결국 **삶의 의미**를 찾는 것이다. 이제 '직업'을 물을 게 아니라 '나는 어떤 프로젝트로 나를 실현할 것

인가'라는 질문으로 바꾸어야 한다. 그 시작은 이름을 붙이고 작게 실천해보는 데 있다.

3. 한 번 겪은 경험을 살리기

자기 개념을 확장하고 재구성한 경험은 새로운 내적 지도를 만들 수 있는 기회를 제공한다. 즉, 우리가 청사진 **설계 과정**에서 했던 자기질문과 일련의 **경험**이, **하고 싶은 일을 찾는 데 그대로 사용**될 수 있다는 말이다.

앞서 우리가 해보았던 다음의 과정을 새로운 일을 찾는 데도 그대로 적용하여 계속 해나가면 된다.

① **내면 탐색** – 내가 진짜 원하는 것이 무엇인지 고민
② **새로운 경험** – 다양한 활동에서 새로운 가능성을 발견
③ **새로운 가치 정하기** – 후반부 삶에 맞는 가치 정의
④ **핵심가치 찾기** – 후반부 삶에서 가장 중요한 가치
⑤ **내 기준에 맞는 목표설정** – 핵심가치를 반영한 목표 설정
⑥ **단계적 접근하기** – 큰 목표를 작은 목표로 나누어 실행
⑦ **유연한 조정** – 너무 어렵거나 현실적이지 않으면 수정

이 방식은 한마디로 **핵심가치 기반 목표** 설정이라고 할 수

있다. 이는 Part 2 '새로운 삶 설계'에서 사용했던 나만의 청사진을 바탕으로 내가 원하는 일을 확장해가는 과정이다. 중요한 점은 한 번에 최종 목표를 정하는 것이 아니라, **작은 목표를 실천하면서 조정**하는 유연한 접근 방식이라는 것이다.

따라서 목표를 설정할 때 지켜야 할 중요한 원칙이 있다.
- ✓ 자기 내면의 기준과 우선순위에 따라 목표를 설정한다.
- ✓ **핵심가치**를 기준으로 목표를 정한다.
- ✓ 목표를 너무 크거나 막연하게 설정하지 않는다.
- ✓ 작은 목표부터 실천하면서 조정해 나간다.

예를 들어, 내가 설계한 핵심가치가 '자율성'이라면 목표는 **스스로 결정**하고 자유롭게 살아가는 삶이 될 것이다. 이런 핵심가치별 목표와 관련된 다양한 활동을 정리해보자.

✓ **핵심가치별 목표와 관련된 활동 사례**

핵심가치	목표	활동
자율성	스스로 정하고, 자유롭게 살기	여가 시간에 새로운 취미 시작하기, 1일/주 나만의 시간 갖기
성장	배우고 성장하는 삶	매달 책 한 권 읽기, 새로운 언어 배우기, 온라인 강연 듣기, 새로운 자격증 도전
기여	긍정적인 영향을 미치는 삶	1회/주 자원봉사, 후배 양성하기, 비영리단체에 기부하기, 지역사회 활동에 참여하기
건강	건강을 유지하는 삶	30분/일 운동하기, 1회/주 운동동아리 활동하기, 매일 7시간 이상 수면하기

관계	소중한 사람들과 함께하는 삶	1회/월 친구들과 정기 모임, 배우자와 주말 여행하기, 15분/일 대화하기
자기표현	내 감정과 생각을 표현하는 삶	매일 성장일지 쓰기, 블로그 활동으로 생각과 의견 공유하기, 나만의 예술작품 만들기
자기존중	자기 이미지를 구축하는 삶	작은 목표를 달성할 때 스스로 칭찬하기, 자기 돌봄을 위한 일상 루틴 만들기
지혜	일상에서 지혜를 키워가는 삶	인생의 교훈을 주는 책 읽기, 인간 본성을 공부하고 다양한 시각을 받아들이기
용기	새로운 것에 도전하는 삶	익숙한 것에서 벗어나 새로운 분야에 도전, 불편한 상황에서도 의견을 분명히 표현하기
진정성	진실과 정직을 실천하는 삶	내 생각과 느낌과 행동을 일치시키기, 잘못된 점을 인정하고 책임지기
자유	자유롭게 자신을 표현하는 삶	내 삶의 선택권을 가지고 주도적으로 살기, 창작 활동으로 나의 창의성을 표현하기

이처럼, 내가 중요하게 여기는 핵심가치에서 출발해 삶의 목표를 구체화하고, 그것을 실천 활동으로 연결해보면, 내가 원하는 일은 점점 그 정체를 드러낼 수밖에 없다.

다음 워크시트에서 내가 찾은 가치, 의미, 목표를 바탕으로

- 내가 진짜 하고 싶은 일이 무엇인지
- 그것을 어떤 활동으로 실현할 수 있을지
- 일상 속에서 어떻게 시작할 수 있을지 차분히 정리해보자.

④ 핵심가치 찾기

① 내면 탐색, ② 새로운 경험, ③ 새로운 가치 정하기는 충분히 다루어 보았기에, 여기서는 후반부 삶에서 내가 가장 중요하게 여기는 ④ 핵심가치부터 선별해보기로 하자.

◆ **STEP 1. 나에게 중요한 가치 10개 찾아보기**
다음 가치 목록에서 내가 **중요**하다고 생각되는 것 **10개**를 선택해보자. 혹은 직접 자유롭게 적어도 좋다.

✏️ 내가 선택한 가치들:
- _____

> 예시) 자유, 안정, 성장, 창의성, 기여, 배움, 성취, 사랑, 유연성, 공동체, 평화, 진실, 자율성, 도전, 관계, 자연, 재미, 아름다움, 명예, 치유, 균형

◆ **STEP 2. 비교질문으로 핵심가치 좁히기**
다음 질문으로 선택한 가치 중 **더 본질적인 가치**를 찾아보자. 가치를 **2개씩 비교**해보면, 더 근본적인 이유가 드러난다.

비교질문 (예시)	나의 응답
만약 '성장'과 '안정' 중 하나만 선택해야 한다면? 왜 그 선택을 했는가?	
'창의성'과 '성취' 중 어떤 것이 내게 더 오래 남는 만족감을 줄까?	
'자유'가 없다면 내가 선택한 다른 가치들도 가능할까?	
'기여'와 '배움' 중 지금 내 삶에 더 강하게 끌리는 것은?	

◆ **STEP 3. 최종 핵심가치를 2~3개로 좁히기**
  ▶ 다음 3가지 질문을 염두에 두고 답을 찾아보자.
    ① 이 가치 없이는 내가 나답지 않다고 느껴지는가?
    ② 내가 중요한 선택을 할 때 반복해서 큰 영향을 끼쳤나?
    ③ 앞으로도 계속 따라가고 싶은 방향인가?

    ✏ 나의 핵심가치:
    1. _____
    2. _____
    3. _____

⑤ 내 기준에 맞는 목표 설정

3.3과 4.1에서 정의한 나만의 숲에 해당하는 기준을 나의 존재 이유를 시작으로, 핵심가치 → 삶의 의미 → 삶의 목표 → 삶의 방향성까지 점진적으로 구체화한다. 그 과정에서 내 정체성을 드러내는 '하고 싶은 일'로 자연스럽게 연결한다.

◆ **STEP 1. 존재 이유 떠올려 보기**

다음 질문을 통해 나의 존재 이유를 탐색해보자. 존재이유는 삶의 의미를 구체적인 행동으로 끌어내는 다리 역할을 한다. 다시 말해 존재이유는 '세상이 기대하는 나'가 아니라, '내가 믿는 나'의 이야기이다.

▶ 나의 존재 이유를 찾는 질문
나는 **어떤 사람**으로 살고 싶은가?
나는 **어떤 이유**로 세상에 기여하고 싶은가?
나는 왜 **이 가치를 중요**하게 생각하는가?

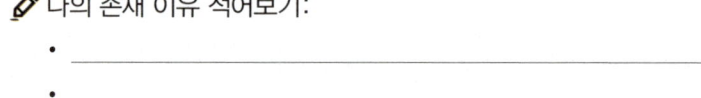 나의 존재 이유 적어보기:
- _____
- _____

예시) 나는 배움을 통해 깨달은 것을 나누며, 타인의 성장에 기여할 때 존재의 의미를 느낀다.

◆ STEP 2. 핵심가치 → 삶의 의미 연결하기

나의 **핵심가치**가 어떤 **삶의 의미**로 연결되는지 찾아보자.

핵심가치	삶의 의미	설명 및 연결 이유
자유	자율적 선택	외부 통제가 아닌 내 기준에 따라 삶을 설계하는 데 의미를 둔다.
성장	변화와 확장	끊임없는 배움과 도전을 통해 나 자신을 확장하고 싶다.
창의성	표현과 창조	나만의 방식으로 세상에 흔적을 남기고 싶다.
기여	타인에 영향	나의 활동이 타인에게 도움이 될 때 존재감과 의미를 느낀다.

✎ 삶의 의미 정리:
- _____
- _____

예시) 나는 '성장'과 '기여'라는 가치를 통해, 타인의 삶에 의미 있는 영향을 주는 데 존재 이유를 느낀다.

◆ **STEP 3. 삶의 의미 → 삶의 목표로 확장**

삶의 의미는 '왜 살아야 하는가'의 답이고, 삶의 목표는 그 의미를 '어떻게 실현할 것인가'에 대한 구체적인 계획이다.

▶ 존재 이유 → 삶의 의미 → 삶의 목표 예시

존재 이유 (Why)	삶의 의미 (What)	삶의 목표 (How)
내 가능성을 최대한 펼치고 싶다.	자기실현 - 나다워지는 삶 - 내 잠재력을 발휘	자신의 재능을 키우고, 창의적인 프로젝트를 통해 내면을 표현하고 성장하는 것을 추구
다른 사람들에게 도움이 되는 존재이고 싶다.	사회적 기여 - 타인에 대한 영향 - 공동체 속 의미 찾기	지식 나눔, 멘토링, 봉사, 콘텐츠 제작을 통해 타인의 성장에 기여하는 활동
삶의 깊은 본질을 탐구하고 싶다.	정신적·영적 성장 - 내면과의 대화 - 존재의 근원을 탐구	명상, 철학적 사유, 글쓰기 등을 통해 나 자신과 이 세상의 관계에 대한 통찰 추구
자연 속에서 조화롭게 살고 싶다.	자연과의 조화 - 근본 존재로서의 삶 - 자연 순환의 일부	자연과 연결된 삶을 추구 (예: 텃밭 가꾸기, 환경운동, 생태적 글쓰기 등)
하루하루 만족스럽고 평온하게 살고 싶다.	행복과 만족 - 현재를 음미하는 삶 - 정서적 안정과 여유	소소한 일상 루틴, 인간관계, 취미 등에서 만족을 발견하고 지속하는 실천을 추구

✏ 삶의 의미 정리:

- _____
- _____

  예시) 나는 창의성과 기여를 실현하기 위해, 글쓰기로 내 생각을 표현하고 타인에게 긍정적 영향을 주고 싶다.
  나는 자유와 창의성을 기반으로, 글쓰기를 통해 타인에게 기여하는 삶을 살고 싶다.
  나는 배움과 성장의 가치를 따르며, 끊임없이 탐구하고 나누는 사람이고 싶다.

◆ **STEP 4. 삶의 목표 → 방향성과 실천 활동 정리**
삶의 방향성은 목표를 지속적으로 실천하는 태도와 방법을 말한다. 앞쪽에 있는 표를 참고해서 다양한 활동을 찾아보자.

삶의 목표	삶의 방향성 (예시)	구체적인 활동 (예시)
나만의 콘텐츠로 기여	주도성 있게 혼자서도 꾸준히 해나가기	주간 글쓰기 루틴 운영, 블로그 개설
타인에게 영감 주기	배운 것을 나누는 실천	글쓰기 워크숍 참여, 나만의 수업 기획
자기 확장 추구	새로운 것에 꾸준히 도전	독서 후 정리, 관련 분야 글쓰기

▶ **구체적인 활동 예시**

   예시 1: 핵심가치 = 자유, 창의성, 기여

   ✏️ 삶의 목표:
   - _____
     예시) "나는 자유롭게 창의적으로 일하며, 그 결과물로 타인에게 기여하고 싶다."

   ✏️ 하고 싶은 활동:
   - _____
     예시) 매주 블로그에 내 삶의 통찰을 글로 쓰기 / 혼자 글쓰기 루틴 운영하기 / 퇴직 후 작가 워크숍에 참여하고, 직접 기획도 해보기

   예시 2: 핵심가치 = 성장, 배움, 자율성

   ✏️ 삶의 목표:
   - _____
     예시) "나는 나만의 속도로 배우고 성장하며, 스스로 길을 만들어가고 싶다."

   ✏️ 하고 싶은 활동:
   - _____

4. '진짜 하고 싶은 일' 정렬하기 팁

이번 장에서 우리는 ① 청사진을 실행으로 바꾸는 5단계 중심으로 내 활동을 확장해보았다. 이제 그 활동을 ②정체성 기준에서 다시금 바라보며, 그 깊이와 방향을 정렬해보자.

지금 이 단계에서 중요한 것은, 이번 장의 경험 기반 실행에서 도출한 활동을 4.2장의 존재기반으로 도출한 활동과 서로 나란히 놓고 비교해보는 것이다. 이 두 방식을 비교하면서, 내가 정말로 지속하고 싶은 활동이 무엇인지 결정해보자.

두 방식에서 찾은 활동 비교:

구분	①5단계로 찾은 활동 (경험기반 후보)	②정체성 기준으로 찾은 활동 (존재기반 후보)	일치
예시1	정체성 에세이 작가	글쓰기 루틴 운영하기	O
예시2	그림 그리기	창의적 활동으로 내 감정 표현하기	△
예시3	유튜브 시청	지식 전달 영상 기획 및 제작	×

이처럼 두 활동 리스트를 비교해보면, 진짜 중요한 활동이 뭔지 일치 여부를 확인하는 과정에서 자연스럽게 알게 된다. 이렇게 찾아진 활동이 우리가 설계한 청사진대로 '진짜 나'를 찾아주는 바로 그 활동이다. 그래도 의심이 된다면 보다 더 객관성을 담보할 방안은 없을까? 있다. 지금부터 그 활동을 어떻게 객관성을 검증받을지 더 자세히 알아보자.

4
깊결지도로
원하는 일 검증

우리는 앞서 하고 싶은 활동을 경험기반과 존재기반으로 정렬해보았다. 하지만 여기서 한 걸음 더 나아가야 한다. 지금 내가 하고 있는 이 활동이 **진짜 나의 정체성과 연결된 것인지**, 단순한 흥미가 아니라 **몰입과 지속성을 갖는 일인지** 검증해야 한다. 그래야 '진짜 나'를 만날 수 있기 때문이다.

많은 사람들이 하고 싶은 일을 시작하지만, 시간이 지나면 그 일에서 흥미를 잃고, 다시 방황하곤 한다. 왜 그럴까?
정체성과 몰입, 이 두 축에서 방향을 제대로 확인하지 않았기 때문이다. 이 문제를 해결하는 좋은 방법이 있다. 우리가 함께 해온 **깊결지도**는 내가 진짜 원하는 일과 나의 존재가 얼마나 잘 연결되는지 검증해준다. 나의 현재 좌표를 살펴보고, **어디로 어떻게 갈지** 실천의 방향까지 제대로 성찰해보자.

1. 깊결지도 활용하기

깊결지도는 내가 찾아낸 활동이 그냥 그럴듯해 보이는지, 아니면 '진짜 나'를 살아낼 수 있는지 곧바로 확인할 수 있다.

앞서 했던 2차원 좌표에서, 각 단계에서 다음 단계로 확장할 때 필요로 했던 '기술'이나 '능력'을 자세히 살펴보면, 하고 싶은 활동의 면면을 조망해볼 안목이 생긴다. x축부터 보자.

x축 단계별 '다음 단계로 넘어가는 기술/능력'

x축 단계	필요 기술/능력
① 단순 자극	**자기 인식**: "나는 어떤 종류의 재미에 반응하는가?"를 탐색 **흥미**: 재미를 단순 소비가 아니라 탐구의 시작으로 보기
② 흥미	**능동적 탐색 습관**: 알고 싶은 것을 찾아 질문 던지기 **실험적 접근**: 틀에 얽매이지 않고 다양한 방법으로 시도하기
③ 호기심	**몰입 환경 조성**: 방해 요소 제거, 주의 고정하기 **작은 목표 설정**: 구체적이고 도전적인 목표를 세워 집중
④ 집중	**난이도 조절**: 너무 쉽거나 어렵지 않은 적정 도전을 설정 **피드백 활용**: 실패나 성공 경험을 통해 즉각 학습하고 수정
⑤ 몰입	**자기효능감**: '할 수 있다'는 믿음을 점진적으로 키우기 **몰입 경험 반추**: 몰입의 순간을 기록하고 이해하기
⑥ 창의적 자기화	**창조**: 기존 방식에서 벗어나 나만의 방법을 시도하기 **상황판단 능력**: 환경과 나 자신의 특성을 연결해 최적화하기

x축은 단순히 더 잘하는 것이 아니라,

더 **자기화**(내면화), **개성화**하는 것을 요구한다.

- ①~③은 '탐색과 관심 기반',
- ④~⑤는 '몰입과 성장 기반',

- ⑥은 '창조와 자기세계 기반'

구조라 할 수 있다.

예를 들어,

② 흥미 단계에서 ③ 호기심 단계로 넘어가려면?

→ 단순히 궁금한 걸로 끝나지 않고, **주도적**으로 탐구하고, 틀에 얽매이지 않고 다양한 활동이나 방법을 시도해야 한다.

⑤ 몰입 단계에서 ⑥ 창의성 단계로 넘어가려면?

→ 단순 몰입을 넘어서, **나만의 방식**으로 **실험**하고, **새로운 활동을 시도**하는 **창의성**을 발휘해야 한다.

결국 x축 방향은:

단순한 자극 → 흥미 → 호기심 → 집중 → 몰입 → 창의적 자기화 → 자기만족으로 이어진다.

이 흐름이 자연스럽게 이어지려면,

각 단계별로 필요한 기술과 능력을 의식적으로 키워야 한다.

다음으로,

y축(정체성 축)도 단계별로 성장하고 발전하기 위해 필요한 **내면적 전환**이나 **기술/능력**이 무엇인지 다시 정리해보자.

y축 단계별 '다음 단계로 넘어가는 기술/능력'

y축 단계	내면적 필요 기술/능력
① 외부 기대/ 인정 욕구	**자기 인정 연습:** 남의 평가 없이 스스로를 긍정하기 **외부 평가 거리두기:** 타인의 시선을 절대화하지 않기
② 사회적 가치	**책임 자각:** 외적 의무나 주어진 역할에 대한 자각 **의미 재구성 능력:** '해야 한다'를 '하고 싶다'로 전환하기
③ 개인적 가치	**내적 동기 강화:** 스스로 원하는 것을 명확히 하고 존중 **주도적 선택:** 외부 기준이 아닌 나만의 기준 세우기
④ 내면화 가치	**가치 일관성:** 순간의 유혹보다 삶의 철학에 따라 선택 **성찰과 기록:** 나의 선택과 가치를 자주 되돌아보기
⑤ 핵심가치	**핵심가치 선명화:** 여러 가치 중 진짜 중요한 것을 명확히 **핵심가치 실천:** 핵심가치에 기반한 구체적 실행
⑥ 삶의 의미/ 존재 이유	**존재 기반 사고:** "나는 무엇을 이루는 사람이 아니라, 어떤 존재인가"를 질문하기 **삶 전체를 보는 시야:** 현재의 활동을 생애 전체 흐름 안에서 해석하기

y축은 **외부 중심 → 내부 중심**으로 옮겨가는 과정이다.

- ①~②: 외부 시선과 사회적 기대에 의존하는 단계
- ③~④: 내 가치에 주목하고, 삶의 기준을 세우는 단계
- ⑤~⑥: 존재로 삶을 정의하고, 의미를 창조하는 단계이다.

예를 들어,

② 사회적 가치에서 ③ 개인적 가치로 넘어가려면?

→ '의무감'으로 하는 일을 '자발적 선택'으로 전환해야 한다. 즉, 남이 시켜서가 아니라, 내가 원해서 하는 것으로 말이다.

④ 내면화된 가치에서 ⑤ 핵심가치로 넘어가려면?

→ 여러 좋은 가치들 중에서도, "이건 절대 양보할 수 없어"

라는 나의 **핵심가치**를 명확히 가려낼 수 있어야 한다.

이처럼 **y축** 방향은:

외부 기대 → 사회적 책임 → 개인적 흥미 → 내면화 → 핵심가치 → 존재 의미로 이어진다.

이 흐름은 내면이 **외부 의존**에서 벗어나 **자율적 존재**로 확장되는 여정이다.

그래서 x축 vs y축을 정리하면?

구분	흐름 방향	기술/능력
x축(몰입)	경험의 깊이	자기 인식, 실험, 집중, 도전, 경험기반 사고
y축(정체성)	존재의 깊이	자기 인정, 내적 동기, 존재기반 사고

종합해보면, **x축**은 **내가 하고 싶은 일에 몰입**하고 성장하는 과정으로 **재미와 창의**를 강화하는 자기만족을,

y축은 내가 어떤 사람이 되고 싶은지를 찾아가는 **내면적 성숙**과 **존재**를 밝혀가는 정체성을 추구한다.

자 그럼, 지금부터가 중요하다. 내가 선택한 일이 정체성과 몰입에 얼마나 맞는지를 어떻게 알 수 있을까?

✓ **1단계:** 깊결지도의 2차원 좌표 위에 현재 내가 찾은 활동을 정직하게 위치시켜 본다. 여기서 핵심은 **정직**이다.

✓ **2단계:** 각 좌표 위치의 의미를 해석하고, 내 감정과 행동을 분석한다. 이때, 지금 내 감정과 존재 구조 속 위치로 되물으며, 다층적으로 점검한다. 여기서 되묻는다는 뜻은 나 자신에게 묻는 게 아니라, **깊결지도**한테 물어보는 것을 말한다. 즉 **객관적 시선**이다.

〈 좌표별 되묻기 예시 〉

좌표	해석	되묻기 질문
(x:6, y:1)	몰입은 높지만 존재 의미와 연결 안 됨	나는 왜 이걸 하고 싶지 않은 걸까? 이것이 내 핵심가치와 연결되는 지점은?
(x:1, y:6)	존재 의미는 크지만 당초 손이 가지 않음	나는 왜 실행하지 못할까? 존재 의미를 감각적으로 살아낼 수 있는 방식은 뭘까?
(x:2, y:2)	몰입도 의미도 낮음	혹시 이건 외부기준이나 고정관념 때문이 아닐까? 내가 정말 원하는 건 이게 아닐 수도 있지 않을까?

✓ **3단계:** 좌표에서 진정 원하는 위치로 가기 위한 실천전략까지 구체적으로 탐색해본다. 즉, 현재 좌표가 어디인지 안다면, "내가 목표로 하는 좌표는 어디인가?"를 정의할 수 있다. 거기에 도달하기 위한 필요 기반/기술을 확인하면서 그 기준과 방향성을 객관적으로 검증하는 것이다.

이 **깊결지도**가 전하는 객관적 사실은 **자유**와 **자율**, **내적 동**

기 없이는 좌측 하단을 벗어나기 어렵다는 점을 보여준다. 결국 part 2에서 했던 정체성 설계도, 자기 기준을 세워서 '진짜 나'로 가기 위한 밑그림이었다. 단 좌표 모델은 도구일 뿐, 중요한 건

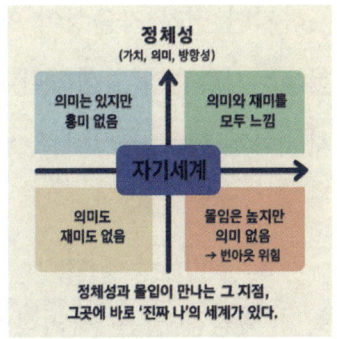

내면의 깨달음이 주는 짧은 순간을 붙잡아 '내 것'으로 만들고 실천하는 것이다.

이처럼 **깊결지도**는 **지금 내 위치**와, 앞으로 가야 할 **방향**을 구체적으로 보여주는 지도다. 이 지도 위에서 내가 다음 단계에 필요한 기술과 태도를 식별하고, 하고 싶은 일을 객관적으로 검증함과 동시에 더 깊이 있는 삶의 실천전략까지 덤으로 마련할 수 있다.

2. 뇌과학과 동기의 통합 관점

이 **깊결지도** 모델은 자기결정성 이론과 뇌의 go / no-go 시스템으로도 설명할 수 있다. 좌측 하단의 x축(흥미, 집중)과 y축(외부 인정, 사회적 가치)은 no-go 시스템이 주로 작동하는 구역이다. 인간의 동기는 외부에 의존하고 지속성이 낮고 어떤 활동에도 피로가 누적되고 쉽게 흥미를 잃고 만다.

하지만 점차 자율성이 확보되고, 정체성과 행동이 통합될수록 go 시스템이 활성화된다. 이는 도파민 기반의 보상 예측을 가능하게 하고, 몰입과 창의성, 회복력을 높게 만든다.

예를 들어, 은퇴 전에는 일반적으로 '호기심 단계'(x축)와 사회적 책임감 같은 '사회적 가치' 수준(y축)에 머무를 수밖에 없다. 이때는 go / no-go 시스템이 혼재되어 있어 동기의 지속성이 약해지고 자율성이 제한되기 쉽다.

하지만 은퇴 후, 외적 억압 구조가 사라지고 자기 탐색과 가치 재정립이 이루어지면, x축에서는 '도전과 몰입'으로, y축에서는 '내면화된 가치'로의 전환이 시작된다. 이 전환이 일어날 때 비로소 뇌의 go 시스템이 서서히 활성화되고, 진정한 창의성과 정체성 기반의 동기로도 확장하게 된다.

여기서 중요한 점은, 은퇴는 '질문'과 '자율성'을 통해 내적 동기로 가치체계를 전환할 수 있는 결정적 기회라는 것이다.

3. 결론은 실행이다

이제 내가 목표로 하는 좌표를 설정한대로, 각 단계별로 현재의 위치에서 x축과 y축으로 무엇을 해야 할지 알 수 있다. 그럼 다음으로 할 일은 정체성에 맞춰 찾아낸 그 일을 일상에 적용해나가는 것이다. 이 모델은 '이해'보다 '적용'에서 진짜 가치가 드러난다. 지금 이 순간, x축과 y축 위에서 나의 현재 좌표를 꼭 검증해보아야 한다. 그리고 다음 단계로 가기 위해 필요한 한 가지 실천을 정해, 자신의 하루 일상 속에 넣어보는 것부터 시작하면 쉽게 정리된다. 거창할 필요 없다. 지속 가능한 한 번의 작은 도전이, 인생의 방향을 바꾸는 첫 전환이 될 수 있다.

'진짜 하고 싶은 일' 찾기

퇴직 후 삶의 방향이 '정체성'이라는 구조로 설계되었다면, 이제는 그 설계서에 맞는 '진짜 하고 싶은 일'을 찾아야 한다.

① **욕망은 '진짜 나'를 안내하는 신호다**
하고 싶은 일은 '하고 싶다'는 감정에서 출발한다. 그러나 감정은 착시와 진심을 함께 품고 있다. 단순한 욕망과 진짜 동기를 구별하려면 '감정의 뿌리'를 탐색해야 한다.

② **'몰입'은 진짜 일을 찾는 나침반이다**
몰입은 자기만의 에너지가 생성되는 지점이자, 가장 나다워지는 순간이다. 과거의 몰입 경험을 되짚고, 현재의 몰입 가능성을 진단하면서 '내일의 좌표'를 좁혀간다.

③ **'일'의 의미는 새로 만들 수 있다**
과거에 했던 일이 앞으로 하고 싶은 일과 같을 필요는 없다. 중요한 건 내가 '어떤 의미를 부여하느냐'다.

④ **나무가 아닌 숲을 보자**
감정은 순간이지만, 그 흐름 속에 반복되는 주제는 '정체성'이다. 감정이 흐르는 방향, 일관된 분위기가 더 중요하다. 숲을 본다는 것은 삶 전체의 맥락에서 감정을 재해석하는 것이다.

⑤ **정체성과 '일'이 연결될 때, 진짜 에너지가 솟는다**
내가 중요하게 여기는 핵심가치를 실현하고, 나만의 방식으로 세상에

기여할 수 있을 때, 그 일은 단순한 일이 아니라 '자기실현의 장'이 된다. 내가 왜 그것을 하고 싶은지를 정체성으로 설명할 수 있다면, 방향은 제대로 설정되고 실행력을 얻는다.

⑥ 하고 싶은 일은 '찾는 것'이 아니라 '만드는 것'이다

진짜 하고 싶은 일은 처음부터 존재하는 고정된 것이 아니다. 경험, 성찰, 반복으로 점차 구체적으로 구조화된다. 탐색은 정체성을 확인하고, 실험은 그것을 일상에 구현하는 과정이다.

이제 우리는 그토록 원하던 하고 싶은 일을 손에 넣게 되었다. 뿐만 아니라 정체성과 몰입을 기준으로 검증하고 정렬하는 힘을 갖게 되었다. 내 삶의 기준과 방향이 활동과 얼마나 잘 연결되어 있는지를 스스로 판단할 수 있다는 것, 이것이 바로 자기 주도적 삶의 능력이다.

이제 PART 4에서는 이렇게 발견한 일을 **실제로 지속하고 일상에 살아내는 방법**을 함께 알아보자. 자신의 삶이 일회성 동기나 순간적인 계획이 아니라, 진짜 나를 살아내는 **지속 가능한 시스템**으로 확장시키는 능력을 갖추도록 해보자.

PART 4.

진짜 나를 살아내는 힘
: 반복과 회복력으로 삶을 지속하는 기술

"사람들은 내가
사그라다 파밀리아를 짓는 것을 천천히 한다고 말하지만,
신께서는 급히 하지 말라고 하셨다.
신의 일에는 시간이 걸린다."

— 안토니오 가우디

자유롭게
살기 위한 여정

우리는 지금까지 열심히 살았다. 하지만 삶은 고통이기 때문에 누구나 할 것 없이 인생 문제를 계속 마주해야 한다. 그런데 우리는 선도자가 아니었다. 그들은 이미 고통을 어떻게 극복하는지 알고 있다. 자신이 원하는 일을 찾아서 스스로 통제하고, 자유롭게 그 일을 즐기면서 한다. 이제 우리 차례다.

시작이 반이다. 이 말은 행동으로 했다는 뜻이다. 원하는 일을 찾는 과정에서 경험했기 때문이다. 뇌 입장에서는 뜻밖의 보상을 얻었다. 지금까지 해오던 방식이 아닌 새로운 경험을 했으니 말이다. 뇌는 이런 자극을 아주 좋아한다. 뭔가를 한다는 자체가 그만큼 중요한 일이다.

그렇다면, 과연 우리는 내가 하고 싶은 일을 하면서 원하는 방향에 맞도록 활동을 계획하고, 조정하고, 새로운 시각으로 해낼 수 있을까? 쉽지 않다. 뇌는 경험하지 않은 일은 웬만해선 도전하지 않기 때문이다. 그만큼 실행은 어렵다. 하지만 걱정할 것 없다. 실행하는 데도 다 기술이 있다. 3.4 '기본형 청사진 확장'에서 인생 선배들이 가르쳐 준 다양한 기술을 내 삶에 적용할 때가 되었다. 자, 그럼 내 하고 싶은 일을 즐기면서 할 수 있는 기술을 '내 것'으로 만드는 방법을 찾아 신나게 여행을 떠나볼까!

[진짜 나를 살아내는 흐름도]
목적: 정체성에 맞는 내가 하고 싶은 일을 몰입해서 실천하고, 그 안에서 삶의 의미를 창조해가는 나만의 존재 방식

5.1 고정관념 벗어나기: 새 기준으로 실행하기
[실행의 첫걸음 = 자기 이야기를 다시 쓰는 일]
고정관념 해체 → 새로운 이야기 → 작은 실천 → 가치 내면화 : 반복

⇩ 핵심요인: 실행을 막는 내면의 이야기 바꾸기

5.2 습관, 시스템, 그리고 반복: 꾸준함을 살아내는 힘 키우기
[루틴과 시스템 설계, 나만의 리듬과 일상 구조 정렬]
감정은 흔들릴 수 있지만, 삶을 지탱하는 힘은 습관 + 시스템

⇩ 핵심요인: 습관(반복 단위), 시스템(지속 구조), 반복(몰입 리듬)

5.3 무너짐을 전제로 운영: 멈춤을 인정하고 회복하는 구조 만들기
[언제든 리셋하고 다시 시작할 수 있는 구조]
① 리셋 → ② 작은 재시작 → ③ 지속성(과제 쪼개기, 가치 내면화)

⇩ 핵심요인: 리셋(휴식), 작은 성공 경험, 그리고 루틴화된 회복 구조

5.4 삶과 연결된 실행만이 지속된다: 감정이 아닌 정체성으로 실행
[몰입(감정: 실행 촉발) + 이유(존재: 방향성, 지속성) = 정체성 강화]
① 실행 반복 → ② 피드백 기록 → ③ 정체성 재확인 → ④ 루틴 통합

⇩ 핵심요인: 실행의 루틴으로 자기세계 만들기

5.5 재미 + 몰입 + 자기세계 = '진짜 나'로 살기
[정체성과 삶의 구조 완전 통합]
재미(자발적 반복) → 몰입(재미와 상호작용) → 성취: 반복 ⇨ 자기세계

▶ 핵심 도구는?

바로 '작은 실천'과 '이름 붙이기'

작게 해보는 실천은 나만의 감각을 만든다.

이름 붙이기는 상상을 현실화하는 언어적 행동이다.

실행은 곧 정의다. 해본 사람이 자기 일을 만든다.

5

일상을 나답게 살아내기

1
고정관념에서 벗어나기: 가치 전환의 열쇠

후반 삶의 계획을 세우고 하고 싶은 일도 찾았다면, 이제 해야 할 질문은 "그 일을 어떻게 시작할 것인가?"이다. 많은 사람들이 원하는 일을 시작하고 싶어 하지만, 그 과정에서 큰 장벽을 만난다. 그것은 바로 **기존**의 **사고방식**이다. 오랫동안 형성한 고정된 생각과 습관은, 우리가 새로운 가치에 맞춰 살고자 할 때 방해가 된다. 그래서 원하는 일을 시작하기 전에 이 **고정**된 **사고방식**을 깨는 일이 매우 중요하다.

1. 고정관념 벗어나기

우리는 지금까지 '~하면 안 돼', '~하는 건 위험해', '~은 나랑 안 맞아' 같은 no-go **규칙** 속에서 살아왔다. 직장 생활, 사회 규범, 가족의 기대, 집단 문화 속에서 형성된 이 규칙은 일종의 **내면의 안전장치**처럼 작동하지만, 동시에 새로운 시작을 가로막는 벽이 된다.

예를 들어,

"나는 발표를 못해" → 강연 기회를 피하게 되고,

"나는 창의적이지 않아" → 예술적 도전을 회피하고,

"나는 항상 안정적인 직장만이 길이라고 생각해" → 하고 싶은 일이 있을지라도 새로운 도전을 꺼리게 된다.

이런 식으로 **자신을 규정한 고정된 이야기**는 새 가치체계를 받아들이는 데 가장 큰 장벽이 된다. 따라서, 변화는 새로운 일을 시작하기에 앞서, **내 무의식에 굳어버린 '자기 이야기'를 바꾸는 것**에서 출발해야 한다. 이렇게 해보자.

"나는 운동을 못해." → "나는 건강을 돌보는 사람이야."

"나는 창의적인 사람이 아니야." → "나는 새로운 방식으로 생각하는 법을 배우고 있어."

이렇게 내면의 이야기를 바꿀 때, 세상에 대한 시각도 달라진다. 피카소의 추상화 그림처럼, 사물이나 사람을 여러 각도에서 바라보면, 새로운 의미를 발견할 수 있다. 다른 사람의 겉모습만이 아니라 내면까지 이해하려고 하면, 더 깊은 공감으로 관계를 만들 수 있다. 우리가 일상에서 마주하는 사물과 풍경도 다양한 시각으로 보면 새로운 의미를 찾을 수 있다. 결국 자기 이야기는 **정체성을 다시 깨우는 작업**이고, 이는 자연스럽게 새로운 가치 판단의 기준으로 작용하게 된다.

2. 고정관념을 대체할 새로운 기준 만들기

우리가 지금까지 접근한 방식은 행동이나 환경 단계를 변화시키는 것보다 방향이나 가치를 바꾸는 데 집중했다. 그런데 우리는 가치를 바꾸어본 경험이 없다. 이것이 우리에게 큰 장벽으로 작용한다. 하지만 가치를 바꾸는 과제는 삶의 방식과 의사결정에 영향을 미치는 핵심이기 때문에 반드시 넘어야 할 산이다. 이를 바꾸는 과정은 **자기 탐색**, **용기**, 그리고 새로운 **도전**을 요구하는 어려운 일이다. 그래도 지금까지 후반 삶을 설계하고, 하고 싶은 일을 찾는 과정에서 여러 차례 경험을 해왔기에 우리는 슬기롭게 잘 해낼 수 있다.

모든 문제의 시작은 우리가 세상과 사람들을 어떻게 평가하느냐 하는 가치계산기에 달려 있다. 우리 몸에는 '나'하고 '타인'을 본능적으로 구분하는 장치가 있다. 타인은 두 종류로 분류한다. 하나는 호의적이고 안전한 사람, 다른 하나는 위험하거나 적대적인 사람이다. 안전하고 도움이 되면 '우리'로, 위협이면 '그들'로 분류한다. 말하자면, '우리'는 좋은 사람, '그들'은 나쁜 사람이 되는 것이다. 생존 전략이다.

이렇게 사람을 이분법으로 나누는 방식이 생존에는 도움이 되지만, 때로는 큰 문제를 일으키는 장애요인이 되기도 한다. 우리는 자기 집단 내에서 자연스럽게 비슷한 가치관을 나타내는데, 이를 '집단 정체성'이라 한다. 이 집단 내에서 공유되는 가치관이 바로 편견을 만들고, 고정관념을 생산한다. 개인도 집단 내에서 인정받으려면 그 가치체계를 따라야 한다. 그렇지 않으면 집단에서 배척당할 수 있기 때문이다. 이런 편견은 종종 다툼으로 이어지고, 심지어 전쟁을 일으키기도 한다. 중요한 건, 우리가 서로 다른 가치체계를 인정하려 하지 않기 때문에 갈등이 생긴다는 점이다.

우리가 혼란을 겪는 근본 이유

우리는 매일 크고 작은 결정을 내리지만, 그 과정이 종종 복잡하고 혼란스럽게 느껴진다. 왜 그럴까? 이를 이해하려면, 우리의 뇌에서 벌어지는 내부 갈등을 살펴볼 필요가 있다.

우리 뇌에는 서로 다른 방식으로 작동하는 두 개의 주요 시스템이 있다. 하나는 이성적 판단을 담당하는 전두엽, 다른 하나는 본능적이고 감정을 담당하는 편도체가 그것이다. 일상적인 경우 전두엽이 합리적인 판단을 담당하지만, 급한 경우 편도체가 신속하게 반응한다. 예를 들어, 위급한 상황에서 뇌는 논리적으로 상황을 분석할 겨를도 없이 '투쟁-도피' 반응으로 즉시 대응한다. 이 둘을 조율하는 과정에서 생기는 내면의 갈등이 우리가 혼란을 겪는 근본적인 이유다.

실행과 관련한 중요한 점이 있기에 좀 더 알아보자. 우리가 결정을 내리는 과정에서, 뇌는 세 개의 영역이 관여한다.

- ✓ **배내측전두엽:** 장기적인 목표와 가치를 바탕으로 이성적인 결정을 내리는 역할을 한다. 과거 유사한 경험과 느낌을 분석하여 논리적이고 **이성**적인 판단을 내린다.
- ✓ **복내측전두엽:** 감정적이고 **본능**적인 반응을 처리하는 영역이다. 무의식과 직관으로 빠르게 결정을 내린다.
- ✓ **문내측전두엽:** 위의 두 영역이 서로 충돌할 때, 이를 조율하는 역할을 한다. 사회적 맥락을 고려하고, 자기반성을 통해 우리의 가치관을 **조율**한다.

이 세 가지 영역은 협력하면서도 때때로 충돌하며 우리의 결정을 이끌어간다. 이러한 과정 속에서 우리는 마치 여러 개의 '나'가 존재하는 듯한 느낌을 받는다. 이를 자기참조 과정이라고 한다. 이 과정에서 우리는 다양한 가치와 감정이 충돌하고, 이를 해결하기 위해 자기를 돌아보게 된다. 메타인지다.

우리의 뇌에서 벌어지는 의사결정의 방식은 사회적 갈등에서도 그대로 나타난다. 예를 들어, 이스라엘과 팔레스타인의 갈등이나 독도를 둘러싼 우리나라와 일본과의 대립은 단순한 영토 문제가 아니다. 이는 집단 정체성이 충돌하며 생기는 현상으로, 인간 내면에서 벌어지는 가치 충돌과 매우 닮았다.

결국, 우리가 내리는 모든 결정과 사회적 갈등의 근본에는 뇌에서 작동하는 두 시스템(go, no-go) 간의 조율 과정이 자리하고 있다. 이를 이해하면, 우리는 내 안의 혼란을 줄이고 보다 균형 잡힌 시각으로 세상을 바라볼 수 있게 된다.

가치를 바꾸면 세상이 달라진다

우리는 종종 편견에 사로잡혀 더 좋은 관계를 맺지 못하는 경우가 있다. 그렇다면, 어떻게 해야 이런 편견을 없애고 더 나은 관계를 유지할 수 있을까?

예를 들어, 사랑하는 사람을 위해 선물을 준비한다고 해보자. 선물을 고르면서 가슴이 두근거린다. 왜일까? 받는 사람이 어떤 반응을 보일지 미리 그려보며 상상하기 때문이다. 여기서 중요한 점은, 같은 상황이라도 사람마다 다르게 해석할 수 있다는 것이다.

이 두근거림을 우리는 두 가지 방식으로 해석할 수 있다.

- ✓ **부정적 해석**(불안, 걱정): 상대가 실망할까 봐 두려워하는 마음에서 비롯된다. 이런 경우, 선물을 고르다가도 결국 내려놓게 된다.
- ✓ **긍정적 해석**(기대, 설렘): 상대가 기뻐할 모습을 떠올리며 즐거운 마음으로 선물을 고른다.

우리는 종종 첫 번째 방식, 즉 불안을 중심으로 해석하는 경향이 있다. 이는 생존본능에 기반한 반응이기 때문이다. 하지만, 이러한 해석을 바꾸는 것이 가능하다. 즉, 우리의 가치 판단 **기준**을 바꾸는 것이다.

행동한 것만이 가치에 반영

우리는 자주 기발한 아이디어나 목표를 떠올리지만, 그것이 실제 행동으로 이어지지 않으면 아무 의미가 없다. 내 삶에서 진정한 가치는 행동을 통해서만 실현된다. 생각이나 계획은 단지 출발점일 뿐, 그것이 행동으로 옮겨지지 않으면 에너지 낭비에 불과하다. 뇌는 행동을 위해 존재하고, 행동을 통해서 우리는 성장하고 변화를 경험할 수 있다.

이 과정에서 중요한 것은 꾸준한 **반복**이다. 단기적인 성과보다 지속적인 실천이 중요하다. 예를 들어, 그림 그리기를 통해 자기 이해와 성찰, 창의성, 인내심, 성취감 등을 얻을 수 있다. 그러나 이런 가치는 그림에만 국한되지 않고, 걷기와 같은 일상 활동에도 그 의미와 가치를 부여할 수 있다.

어떤 행동에 의미를 부여하는 것은 개성화 과정이다. 우리가 어떤 행동을 하느냐에 따라 삶의 질이 달라지고, 그 행동으로 우리는 자기만족을 달성한다. 결국, 우리는 행동을 통해 진정한 가치를 실현할 수 있고, 그 행동이 쌓여 우리의 삶을 풍요롭고 의미 있게 만든다. 따라서 생각만 하지 말고, 행동으로 옮겨 지속적으로 실천하는 삶을 살아야 한다.

'가치계산기'는 말 그대로, 우리가 어떤 선택을 할 때 **무엇을 더 중요하게 여기는지** 판단하는 내부 시스템이다. 그런데 이 시스템은 대부분 외부에서 주입된 채 자동으로 작동한다.
 예를 들어, 안정 〉 도전, 인정받기 〉 자아실현, 속도 〉 과정보다 우선한다. 이런 기준이 **진짜 나의 것인지, 아니면 타인의 기대를 반영한 것인지** 모른 채 따라가면, 내가 설계한 새로운 정체성과 하고 싶은 일은 늘 '뒷전'인 것이 되고 만다.

그래서 이젠 내 **가치계산기의 우선순위를 바꿔야 할 때**다.
예전엔
"이 일이 돈이 되는가?"
"사람들이 뭐라고 할까?"
"내가 잘할 수 있을까?"였다면,
이젠
"이 일은 내가 추구하는 가치와 맞는가?"
"이 일을 통해 나는 어떤 성장을 경험하는가?"
"이 과정이 나를 자유롭게 만드는가?"로 바뀌어야 한다.
그리고 이 계산기는 **행동을 통해 학습하고 수정된다.**

3. 관념 깨기 → 새 가치 내면화 → 실천 → 다시 깨기

우리가 그토록 원하는 변화는 이렇게 반복 순환을 할 때 만들어진다. 우리 눈에는 보이지 않을 뿐이지, 우리가 하는 작은 시도 하나에도 뇌는 그 중요도를 걸러 기억에 담아낸다.

① 기존 고정관념 인식하기
  "나는 그런 걸 할 사람이 아니야."

② 그 고정관념이 새로운 행동을 막는지 보기
  "그래서 그 활동을 시작조차 못 했어."

③ 정체성과 연결된 '새 이야기' 만들기
  "그래도 난 새로운 사람으로 바뀌고 있어."

④ 작은 실천으로 가치를 증명
  동일한 활동으로 하루 10분 실습, 피드백 적기

⑤ 실천을 통해 가치계산기 재조정
  "역시 과정 중심의 태도가 나를 훨씬 자유롭게 해."

⑥ 새로운 행동에서 또 다른 고정관념 대면 → ①번으로 반복

이 순환 고리를 돌 때마다 정체성은 단단해지고, **이전의 삶과 완전히 다른 선택을 할 수 있는 '나'**로 거듭난다.

자유와 자율의 정체성, 이렇게 실현하자

우리가 새롭게 설계한 정체성이 **자율과 자유**를 기반으로 하고 있다면, 이것은 더 이상 외부 기준에 의존하지 않고, **내부 기준에 따라 행동할 수 있는 사람**으로, 스스로를 만들어가는 과정을 의미한다.

자유란 무엇을 할 수 있느냐가 아니라, 무엇을 **내가 원해서 하는가**를 아는 것이다.
이를 위해 두 가지를 꼭 병행해야 한다.

- 첫째, 과거 고정관념을 말로 끄집어내, 이야기로 바꾸기
- 둘째, 새로운 가치에 맞는 행동을 작게 자주 실행하기

이 둘은 자기반성과 실천이라는 양 날개로, 함께 있어야 비행할 수 있다. 행동 없는 가치전환은 이론일 뿐이고, 내 이야기 없는 행동은 방향 잃은 난파선일 수밖에 없다.

행동만이 진짜 정체성을 만든다.
우리의 가치는 말이 아니라 **실천한 것만** 남는다.
새로운 정체성은 '내가 어떤 사람이 되고 싶은가'가 아니라, **'지금 무엇을 하고 있는가'**로 증명된다.
하지만 가치와 정체성을 새롭게 구성했다 해도, 그것이 행동

으로 이어지지 않는다면 다시 이전의 삶으로 돌아가게 된다.

그래서 이제부터, 내가 세운 정체성을 지속적으로 살아낼 수 있는 **구조**와 **루틴**을 어떻게 만들지 다루고자 한다.

이제, 설계한 정체성에 맞는 활동을 실천할 시간이다.

우리는 이미 준비돼 있다.

'고정관념 벗어나기' 연습

◆ **STEP 1. '기존 이야기' 적어보기**

🖉 나는 원래 예시) 그런 성격이야 _____
🖉 나는 항상 _____

◆ **STEP 2. 근본원인 찾기**

내가 하고 싶은 일이나 삶의 변화를 떠올려보며, 위의 기존 이야기가 어떤 식으로 나를 멈추게 했는지 적어보자.

🖉 나를 멈추게 한 이유:
- _____
 예시) 나는 절대 글을 잘 못 써." → 그래서 블로그를 시작할 생각조차 하지 못했다.

◆ **STEP 3. '새로운 이야기'로 바꿔보기**

위의 이야기를 다시 써보자. 이번엔 나의 '가능성'을 향해 한 발짝 나아가는 방향으로 적는다. '~할 수 있다', '나는 ~하는 사람이다'라는 문장으로 쓰면 좋다.

🖉 나의 새로운 이야기:
- 나는 _____
 예시) "나는 글을 잘 못 써." → "나는 글로 나를 표현할 수 있는 사람이다."

◆ **STEP 4. 실천 다짐**
작고 간단한 행동 하나를 적어보자. 변화는 '말'이 아니라 '습관'이 만들기 때문이다.

✏️ 오늘 실천할 작은 행동 하나:
- _____
- _____

예시) 하루에 10분 글쓰기, 아침마다 "나는 새로움을 즐긴다"고 말하기

이런 실천 연습이 우리를 변화 시킨다. 피카소는 사물을 여러 각도로 본 것을 한 그림에 표현함으로써 새로운 차원을 열었다. 이처럼 내 삶의 구조도 한쪽 시각이나 해석에 갇히면 안 된다. 매일의 습관, 반복되는 선택들을 다른 각도로 바라보면 나만의 실천 방식과 의미가 생겨나기 시작한다.

나무 한 그루, 가로등, 커피잔 하나에도 역사적, 감정적, 문화적 의미가 스며들어 있다. 이를 잘 관찰하고 질문하는 태도를 갖는다면, 우리 주변의 사물 하나하나가 의미 있는 존재로 새롭게 다가올 것이다. 우리도 피카소처럼, 삶을 **다양한 시각**에서 바라볼 수 있다. 내 이야기를 바꾸면, 세상이 달라진다.
지금 이 순간부터,
우리 각자의 새로운 세계를 만들어 가보자.

2
습관, 시스템, 그리고 반복

"의지가 아니라, 구조가 지속을 만든다."

"하고 싶은 일은 많은데, 왜 자꾸 흐지부지될까?"
우리는 흔히 의지력 부족이나 감정 기복을 탓하지만, 진짜 문제는 '구조'의 부재다. 행동은 감정이나 결심이 아니라, 반복 가능한 시스템 위에서 자라난다. 반복을 통해 습관이 되고, 습관은 곧 일상이 된다. 이 장에서는 그 반복을 어떻게 설계할 것인가에 대해 다룬다.

1. 시스템과 습관: 실행을 위한 양 날개

우리는 지금까지 '자기 탐색 → 목표 설정 → 실행 → 조정 → 성찰'이라는 개성화 과정을 밟아왔다. 이제 실행 단계에서 중요한 것은, 그것을 '계속' 하는 힘이다. 그 힘의 원천은 두 가지, **시스템**과 **습관**이다.

시스템은 반복적이고 통제 가능한 활동을 통해 목표 달성을 가능하게 해주는 구조다. 기업이 매일 같은 일을 효율적으로 처리하기 위해 시스템을 갖추듯, 개인도 자신의 목표를 안정적으로 실행하기 위해 일상의 흐름을 **구조화**할 필요가 있다.

한편 습관은 그 시스템을 '**자동화**'하는 방식이다. 우리의 뇌는 반복되는 행동을 '에너지 소모 없이' 처리하기 위해 자동화하려는 경향이 있다. 특히 뇌의 기저핵은 반복 행동에 꼬리표를 붙이고, 무의식적으로 처리할 수 있도록 돕는다. 그래서 '해야 하는 일'이 '하지 않으면 찝찝한 일'로 바뀌는 것이다.

꾸준함은 타고나는 것이 아니라 훈련되는 것

우리가 평소 부러워하는 '꾸준함'은 특별한 재능이 아니다. 반복을 통해 누구나 만들 수 있는 능력이다. 중요한 건, 처음부터 거창하게 시작하지 않는 것이다. "매일 아침 10분 운동하기", "하루에 한 줄 일기 쓰기" 같은 작고 명확한 루틴부터 시작하는 게 핵심이다. 이 작은 반복이 쌓여야 습관이 되고, 습관이 돼야 시스템이 완성된다.

실제로 '하고 싶은 일'을 지속하려면, 인지조절 능력이 필요하다. 이는 생각을 실제 행동으로 연결하는 뇌의 고차원 작용으로, 문제 인식부터 실행 계획, 피드백까지 전 과정을 포함한다. 우리가 의식하지 않는 사이에도 뇌는 끊임없이 방향을 조정하며 행동을 유지한다. 이때 인지조절이 잘 작동하려면, 수없이 말했던 것처럼 외부 압박이 아닌 자율(y=4 이상)적인 구조가 전제되어야 한다.

2. 반복을 지속하는 구조 만들기

인간의 생각이나 감정은 쉽게 변하지만, 구조는 쉽게 무너지지 않는다. 지속 가능한 실행 시스템을 갖추는 것이야말로, 감정에 휘둘리지 않고 꾸준함을 만들어내는 핵심 전략이다.

예를 들어, '아침에 일어나 물 한 잔 마시기' 같은 루틴도 처음에는 의식적인 노력이 필  요하다. 하지만 이것이 습관이 되면, 별 생각 없이 자동으로 된다. 이 반복은 보이지 않게 내 정체성을 구성하게 된다.

여기서 핵심은, 이 시스템이 '나만의 리듬'에 맞아야 한다는 점이다. 내 감정 흐름을 고려하고, 내 삶의 리듬에 맞는 구조를 만들면 된다. 감정이 흔들려도 루틴은 유지될 수 있게 하고, 그 구조에서 반복이 자연스럽게 이루어져야 한다.

 결국 반복은 노력이 아니라 설계의 문제다. 습관은 구조에서 태어나고, 시스템은 행동을 지탱한다. 감정과 의지를 넘어서는 실행의 비결은, 바로 습관적 반복을 가능하게 하는 구조화된 일상이다.

질문하는 습관 만들기

"나에게 질문하는 사람은, 스스로 삶을 설계하는 사람이다."

◆ **STEP 1. 내가 만들고 싶은 습관은?**

✏️ 습관 이름:

- _____

  예시) 매일 스스로에게 질문하고 답하기

◆ **STEP 2. 이 습관을 왜 만들고 싶은가?**

✏️ 이유:

- _____

  예시) 내 마음속 진짜 목소리를 듣고 싶어서
  매일 나를 점검하면서 삶의 방향을 정렬하고 싶어서

◆ **STEP 3. 이 습관을 어떻게 시작할까? (작게 나누기)**

✏️ 작은 단계로 나누기:

- _____
- _____

  예시) 하루 한 가지 질문을 스스로에게 던지고, 그에 대한 짧은 답을 기록하기
  하루 3줄 이내의 짧은 글이면 충분!

◆ **STEP 4. 언제, 어디서 할 건가?**

✏️ 시간: _____
　　　　예시) 매일 밤 잠들기 전

✏️ 장소: _____
　　　　예시) 침대 옆 작은 노트에

◆ **STEP 5. 어떤 기존 습관에 연결할 수 있나?**

✏️ 기존 습관: _____
　　　　예시) 잠들기 전 휴대폰 확인하기

✏️ 연결 방식: _____
　　　　예시) 핸드폰을 내려놓기 전에, 반드시 노트에 오늘의 질문과 답을 먼저
　　　　쓰기

◆ **STEP 6. 나만의 보상은 무엇인가?**

✏️ 보상: _____
　　　　_____
　　　　예시) 글을 다 쓴 후 좋아하는 허브티 마시기
　　　　　　다음 날 아침, 내가 쓴 짧은 답변을 다시 읽으며 깨우친 순간 되새기기

◆ STEP 7. 실천 이력 정리하기

날짜	오늘의 질문	나의 답 한 줄 요약
1일	오늘 나를 가장 많이 웃게 한 것은?	친구와 대화
2일	오늘 내가 가장 잘한 선택은?	운동화 신고 나간 산책
3일	오늘 피하고 싶었던 감정은?	초조함 – 발표 앞두고
4일	지금 내가 가장 바라는 것은?	마음의 평화
5일	어떤 순간에 살아있음을 느꼈나?	커피 마시며 멍 때릴 때
6일	오늘 나에게 힘을 준 한 마디는?	"넌 그걸 할 수 있어."
7일	내일의 나에게 해줄 말은?	천천히, 그러나 멈추지 마

✏️ 오늘 나의 다짐 한 줄:
- _____
  _____

3
무너짐을 전제로 운영: 다시 회복하는 힘

인간은 기계가 아니다. 아무리 의지가 강한 사람도 피로해지고 흔들릴 수 있다. 때로는 완전히 멈추기도 한다. 하지만 문제는 '멈춤'이 아니라, 그 이후에 다시 어떻게 일어설 것인가이다. 무너짐은 실패가 아니라, 회복을 위한 전제일 뿐이다. 회복을 고려한 삶은 오히려 더 단단해진다. 우리는 내 리듬을 점검하고, 다시 일어설 수 있는 구조를 만들어야 한다.

1. 리셋의 활용: 휴식은 회복의 기술

우리 몸과 정신은 매일 밤 스스로를 리셋한다. 수면을 통해 스트레스는 완화되고, 피로는 회복되며, 정서는 잘 정돈된다. 마치 컴퓨터의 캐시를 비우듯, 불필요한 정보는 지워버리고 중요한 기억만 남긴다. 이 훌륭한 리셋 덕분에 우리는 또다시 새로운 하루를 맞이할 수 있다.

그러나 현대 사회는 우리의 리셋을 적극적으로 방해한다. 업무 과중, 정보 과잉, 멀티태스킹은 나의 에너지를 끊임없이 소진시킨다. 특히 뇌는 쉬지 않고 작동하면서 과부하에 쉽게 노출된다. 자꾸 딴생각이 끼어들고, 집중이 흐려지고, 해야 할 일도 잘 기억나지 않는다면, 당장 내게 필요한 건 더 애쓰는 게 아니라, 제대로 쉬는 것이다.

수면이 하루 단위의 리셋이라면, 휴식은 일상 속에서 눌러주는 작지만 강력한 리셋 버튼이다. 우리는 휴식을 '아무것도 하지 않는 시간'으로 오해하지만, 진정한 휴식은 나의 내면과 다시 연결되는 소중한 시간이다. 바쁜 일상에서도 잠시 멈춰 숨을 고를 때, 우리는 비로소 나 자신과 마주하게 된다.

우리의 뇌도 마음처럼 지친다. 아무리 의지가 강한 사람도, 쉬지 않고는 버틸 수 없다. 뇌 역시 그렇다. 잠시 멈추는 건 후퇴가 아니라 회복이다. 연구에 따르면 짧은 낮잠, 명상은 집중력이나 기억력에 효과적이다. 즉, 더 오래 일하는 것보다 더 똑똑하게 쉬는 것이 뇌를 잘 다루는 방법이다.

그런데 새로운 아이디어는 언제 생길까? 책상 앞에서 고민할 때보다 샤워하거나 산책할 때 더 자주 떠오른다. 긴장을 풀 때, 뇌는 더 유연해지고, 창의적 아이디어를 만들어 낸다. 뉴턴의 사과, 아르키메데스의 '유레카'는 모두 휴식 중에 얻은 통찰이 아닐까. 우리가 창의력을 요구한다면 열심히만 할 게 아니라, 잘 쉬는 법부터 배워야 한다.

하지만 우리는 휴식에 죄의식을 갖도록 길들여졌다. "이럴 때 쉬어도 되나?" "다들 바쁜데 나만 휴가 가도 되나?" 이런 생각 뒤에는 성과 중심의 경쟁 문화가 있다. 이는 단순 비교만을 중시하기 때문에, 휴식조차 '비생산적인 것'으로 만든다.

그러다 보면 우리 내면의 동기는 점점 길을 잃는다. 예컨대 글쓰기를 할 때 책 출간이나 독자의 반응만 신경 쓴다면, 글쓰기 자체가 주는 즐거움은 사라진다. 외부 평가에만 의존한다면 자율성은 제한되고, 창의성과 만족감도 함께 줄어든다.

우리는 매일 밤 수면으로 회복하지만, 일상 속 피로는 잠만으로 충분하지 않다. 과도한 정보와 경쟁 속에서 우리는 리셋할 틈조차 갖기 어렵다. 그래서 의식적인 '휴식'은 내 리듬을 회복하는 전략적 지혜다. 단지 멈춤이 아니라, 다시 움직이기 위한 준비이기 때문이다. 휴식은 나를 재정비하는 시간이다.

짧은 휴식과 명상은 집중력과 창의력을 되살리고, 더 깊은 동기를 솟아나게 해준다. 그렇다. 휴식은 낭비가 아니라 다시 도약하기 위한 웅크림이다. 과열된 엔진을 식혀야 다시 달릴 수 있듯이, 우리도 의식적으로 휴식할 수 있어야 한다.

2. 리셋 이후의 구조화: 작고 확실한 실행

회복 후에는 앞으로 나가기 위한 구조와 습관이 필요하다. 핵심은 여러 차례 말했지만 작고 구체적인 실행이다. 우리는 자주 미루고, 지치며, 다시 무너진다. 사실 이건 의지가 부족해서가 아니다. 뇌는 원래 낯선 변화나 큰 과제에서 자신을 방어하려 한다.

따라서 거창한 결심보다, 바로 실행할 수 있는 작은 행동을 시작해야 한다. 예를 들어, '운동하기' 대신 '스트레칭 5분', '보고서 쓰기' 대신 '제목 정리'처럼 구체적인 단위로 나누는 것이 좋다. 여기에 더해 실행을 돕는 환경을 만들고, 스스로 점검하는 루틴도 중요하다. 특히, 작은 성공에도 자신을 칭찬하고 보상하는 루틴을 함께 설계하면 더할 나위 없다.

이러한 루틴은 그저 습관이 아니라 정체성을 변화시키는 큰 힘이 된다. 작은 반복된 성공은 '나는 할 수 있는 사람'이라는 자기 인식을 만든다. 이것이 변화의 기본이다.

3. 무너지지 않고, 다시 일어서기

우리가 목표를 세우고도 실행하지 못하는 가장 큰 이유는

'미루는 습관'이다. 이는 단순 의지력 문제가 아니다. 과제의 성격, 심리 상태, 주변 환경 등 복합적 요인이 작용한다. 심리학자 피어스 스틸은 이것을 수학 공식으로 설명하며, 과제가 크고, 산만하고, 결과가 느릴수록 미루기 쉽다고 했다.

이를 극복하려면 다음 4가지 요소를 조절해야 한다.
① **과제를 작게 쪼개기**: '보고서 쓰기'보다 '목차 정리'부터 시작하자.
② **환경 정리**: SNS 알림을 끄고 조용한 공간을 만들자.
③ **가치의 내면화**: "왜 이걸 해야 하지?"에 대한 명확한 이유를 찾아보자.
④ **자신감 형성**: 작은 성공을 많이 쌓아 "나는 해낼 수 있다"는 감각을 길러야 한다.

우리 뇌는 급격한 변화를 싫어하고, 익숙한 것을 좋아한다. 그래서 변화를 할 때는 작은 목표로 시작해 반복을 통해 익숙한 루틴으로 만들어야 한다. 이는 글쓰기, 운동, 공부 등 어떤 분야든 동일하게 적용된다. 아무리 좋은 생각도 실행 가능한 목표로 바꾸지 못하면 행동으로 이어지기 어렵다.

또한 우리는 계획을 세우는 것조차 부담스러워할 수 있다. 계획은 책임을 요구하기 때문이다. 하지만 좋아하는 일일수록 계획은 부담이 아니라 설렘이 된다. 핵심은 억지로 하기보다 하고 싶게 만드는 구조를 설계하는 것이다. 어떻게 할까?

실행 후에는 **체크리스트**로 진행 상황을 점검해보자. 그리고 작은 성공을 **보상**하면 된다. 뇌는 보상에 민감하다. 작은 성취를 인정하고 좋아하는 방식으로 자신을 격려하면, 도파민 분비가 증가하여 그 행동이 강화된다. 이런 반복된 성공과 보상은 결국 '나는 어떤 사람인가'라는 정체성의 일부가 된다.

4. 흔들림을 인정하고, 회복할 수 있는 구조를 갖추자

우리는 그래도 여전히 미룬다. 두렵고 불안하고, 어떻게 시작해야 할지 몰라 멈춘다. 하지만 이는 지극히 자연스러운 반응이다. 두려움, 자기 불신, 고정관념, 무계획…. 이 모든 것은 변화를 막는 장벽일 뿐이다.

지금까지 일관되게 말했지만 내가 무엇을 원하는지, 왜 그것을 하고 싶은지, 어떻게 실행할 수 있을지 명확히 이해할 때, 우리는 비로소 다시 움직이게 된다. 중요한 것은 완벽한 삶이 아니라, 흔들림 속에서도 다시 회복할 수 있는 삶이다.

휴식을 통해 자신을 리셋하고, 작고 구체적인 행동으로 나아가며, 내면의 동기와 연결된 삶을 지속해 나갈 때 우리는 비로소 흔들리지 않는 삶을 살아갈 힘을 갖게 된다.

그러나 단순히 다시 시작하는 것만으로는 충분치 않다. 우리가 회복한 이후에도 그 활동을 **계속하고 싶은 이유**, 즉 내 삶과 연결된 의미가 없다면 실행은 쉽게 무너지고 만다. 따라서 다시 회복하는 힘은 도파민을 자극하는 자기 보상에 더하여 정체성과 동기에서 출발하는 **실행 구조**와 통합 연계하는 데 있다. 결국 우리가 많이 활동해 온 깊결지도에 그 답이 있는 셈이다.

4
삶과 연결된
실행만이 지속된다

"하고 싶은 일을 찾아도 **중단하지 않고** 해내려면 **몰입과 정체성**이라는 **두 축이 균형**을 유지해야 한다."

1. 마법은 '하고 싶은 일'에서부터

어느 날, 옛 직장동료를 만났다. 오랜만에 만났는데, 요즘 그림 그리기에 푹 빠졌다고 했다. 예전엔 숫자와 성과에 쫓겨 바쁘기만 하던 친구였는데, 말투도 표정도 사뭇 달라졌다.

마치… 새로운 사람 같았다.
나는 생각했다.
"도대체 저 친구에게 무슨 일이 일어난 걸까?"
알고 봤더니
그건 '하고 싶은 일'을 하는 사람에게만 나타나는 모습이었다.
말로 설명할 수 없는 변화.

직접 해보지 않으면 절대 알 수 없는 어떤 것.

그런데 말이다.

우리는 퇴직 후에도 익숙한 기존 가치체계를 고집한다.

"뭔가를 해야 할 것 같아서…."

"남들처럼 바빠 보여야 덜 초라하니까…."

이런 생각이 은근히, 아니 무의식에 깊숙이 박혀 있다.

지금 우리는 그 틀을 깨고 이렇게 묻기 시작한다.

"정말 내가 원하는 삶은 뭘까?"

그리고 이 질문은 책의 1장부터 여기까지 이어져 왔다.

자유, 만족, 가치, 의미, 신념, 내면화, 개성화, 정체성, 자기실현, 재미, 몰입, 자기세계, 휴식, 여가, 건강, 행복 ….

이렇게 많은 개념이 등장했지만, 이들은 우리가 '왜 하고 싶은 일을 해야 하는지' 설명하고자 끌고 온 도구일 뿐이다.

그런데 인간의 느낌을 언어로 설명하기엔 한계가 있다.

그 어떤 비유도, 제 아무리 논리적인 설명도, 그 경험을 직접 해보지 않은 사람은 그 변화의 '맛'을 알 수 없기 때문이다.

그래서 이 장은 설명의 끝, 도전과 실천의 시작이다.

이것을 시도하는 사람에게는 어느 날, 마법이 찾아온다.

갑자기 아침이 기다려지고, 하루가 온전히 살아있는 것 같고, 지쳤지만 기분 좋은 느낌에 잠드는 날들이 이어지고, 거울 속 내 표정이 달라 보이고, 자신에게 "그래, 잘 하고 있어"라고 자연스럽게 말도 하게 된다.

이게 뭐냐고?

'하고 싶은 일'을 시작한 사람에게만 찾아오는 go의 **변화**다.

그래서 우리에게 가장 필요한 건 더 이상의 설명이 아니다.

작게라도, **지금 바로** '하고 싶은 일'을 **시작**해보는 것.

직접 해보아야 안다.

"아, 이게 그 말이었구나!"

그 순간, 모든 개념은 퍼즐처럼 맞춰지고, 이론은 삶이 된다.

'하고 싶은 일'은 생각하는 게 아니라, 살아내는 것이다.

마법은 거기서 시작된다.

2. 실행이 '이유'와 연결되면 빛이 난다

이제껏 설명했음에도 우리는 여전히 '하고 싶은 일'은 사치라고 여긴다. 하지만 삶이 내가 원하는 방향으로 움직이려면, 우리는 질문을 바꾸어 스스로에게 물어야 한다. "나는 왜 이 일을 하고 싶은가?" 이 질문이 말하는 바는 단순한 기분이나 충동이 아니라, 삶의 본질과 연결된 **'존재 이유'**다.

실행은 내가 몰라서가 아니라, 정체성과 **동기**, 즉 **기준**에서 멀어질 때 멈춘다. 그래서 내가 진정으로 하고 싶은 일을 할 때 삶의 중심축과 일치되기에 아침이 기다려지고, 피곤해도 기분이 좋고, 내 삶에 활력이 생긴다. 말이나 생각이 아니라 몸을 움직이는 **실행**, 그리고 그것이 일상과 연결될 때 지속 가능한 마법이 내게도 찾아온다.

3. 실행을 만드는 뇌의 메커니즘: 인지조절과 자율성

변화는 단순한 감정의 끌림만으로는 지속되지 않는다. 인간이 본능을 넘어 자율적으로 길을 만들 수 있는 이유는 '**인지조절**'이라는 뇌의 기능 덕분이다. 뇌는 문제를 인식하고, 계획을 세우고, 행동을 조정하는 과정으로 더 나은 선택을 할 수 있게 해준다. 뿐만 아니라 **자율**적 행동은 뇌에서 도파민을 분비하여 긍정적인 감정을 유도(go)하고, 전두엽을 활성화시켜 **집중력**과 **의지**적 선택을 가능하게 한다. 이는 자율성이 동기와 만족에 중대한 영향을 미친다는 것을 보여준다.

반면, 외부 압박에 의한 행동은 스트레스 호르몬인 코르티솔을 분비시켜 뇌의 창의성과 전략적 사고를 제한(no-go)하게 만든다. 이런 상태에서는 즉각적인 문제 해결에만 집중하게 되고, 과제 자체에 대한 몰입이나 동기가 **저하**된다. 외적 강제에 의한 실행은 자율성과 인지조절 능력을 저하시킬 수 있으며, 결과적으로 성과에도 부정적인 영향을 준다.

자율성이 높을수록 더 효율적으로 과제를 수행하고, 기억력,

집중력 등 인지기능 전반을 효과적으로 사용할 수 있다. 자율성을 높이려면 ①자신의 목표와 가치를 명확히 설정하고, ②자율적인 행동을 반복해서 실천하며, ③외적 요구에도 내적 보상과 동기를 설정하는 노력이 필요하다. 자율성은 단지 자유로운 선택을 의미하는 것이 아니다. 뇌의 **작동 방식**에 직접적인 **영향**을 미치고, 인지조절 능력과 만족스러운 삶을 위한 핵심 요소다. 결국 실행은 내 삶의 깊결을 반영한 주도적 능력이다. 이것이 지속적인 변화와 성장을 이끈다.

4. 나만의 속도로 실행을 반복하는 기술

결심만으로 습관을 바꾸기란 녹록지 않다. 오랜 운전 중에 생기는 보복운전, 작심삼일 다이어트, 헬스장 등록 후 미루기, 금연 3일 만에 다시 끽연…. 이처럼 익숙한 실패의 반복 속에서 중요한 통찰은 단 하나다. 변화는 다짐이 아니라 구체적인 **실행** 기술과 깊고도 결이 있는 **자기이해**에서 시작된다.

습관을 바꾸려면 방해요소를 제거하고, 보상을 설계하며, 환경을 조정하는 **전략**이 필요하다. 개념 설계서를 확장형 실행으로 전환할 때 많이 다루었던 실행 전략을 말한다. 하지만 이것만으로도 부족하다. 인간은 감정에 흔들리는 존재이기에, 더 중요한 건 '나에게 맞는 리듬과 속도'를 찾는 일이다.

남들과 비교하지 않고, 내가 만든 기준으로, 나의 감정과 속도를 이해하며, 나만의 방식으로 해나가면 된다. 그러면서 반복 가능한 작은 실행을 할 때 인지조절 기능은 회복되고, 삶 속에서 몰입 경험을 점차 확장할 수 있다. 결국 지속가능한 실행은 자기 이해에서 비롯된 루틴으로 이어져 자동화로 완성된다.

일상과 연결된 이런 실행은 전반부에서 했던 그저 성과를 위한 행동이 아니다. 이것은 내가 누구인지, 왜 이 일을 하고 싶은지에 대한 대답과 연결되어 에너지(go)를 얻는 행동이다. 우리의 느낌은 순간을 자극하지만, 정체성과 연결된 이유와 기준은 일관된 방향을 지탱한다. 한 걸음씩 나아가는 이 여행 끝엔, 반드시 새로운 세상을 가꿀 '**진짜 나**'가 기다리고 있다.

5. 깊결지도로 실천 전략 검증

이제 우리는 실행이 단순 반복이나 결심의 문제가 아니라, **정체성**과 **연결**될 때 **지속 가능**하다는 사실을 알았다. 하지만 여기서 한 가지 더 중요한 질문이 있다.
"몰입과 정체성, 이 둘 중 나는 **어느 쪽이 부족한가?**"
이 질문의 본질은, 자신이 원하는 일을 할지라도 실행이 **계속되지 않는 이유**가 대부분 두 축의 **불균형**에 있다는 점이다.

예를 들어, 우리는 "이 일은 정말 재미있고, 할 때마다 몰입돼"라고 말한다. 하지만 몇 달 지나면, "이젠 **왜 하는지 잘 모르겠어**"라고 하게 된다. **왜 그럴까?** 몰입(x축)은 높지만 존재 이유(y축)가 낮은 상태이기 때문이다. 원하는 일일지라도 지속은커녕 방향을 잃고, 심하면 번아웃에 이를 수도 있다.

반대로, "이 일은 정말 의미 있어. 내가 중요하게 생각하는 가치와 맞아." 그럼에도 불구하고 정작 **실행하지 않는다. 왜 그럴까?** 몰입이 없기 때문이다. 손이 안 가고, 시작이 어렵고, 지루하다. 동기(y축)는 높지만 낮은 몰입(x축) 상태라 하겠다.

이 두 상태의 공통점은 뭘까? **실행이 안 된다**는 점이다. 즉, 2차원 좌표에서 어느 하나만 높아서는 go 시스템이 작동되지 않는다는 뜻이다. 다시 말해, 둘 다 필요하다. 몰입과 의미의 균형, 그것이 지속 가능한 실행의 핵심이다.

우리는 이미 PART 3에서 이 두 축을 기준으로 깊결지도를 활용해 '진짜 하고 싶은 일'을 검증한 바 있다. 이제는 이것을 실행 전략에 적용해보려 한다. 지금 내가 하고 있는 활동이 어느 좌표에 있는지 점검하고, 부족한 축을 어떻게 보완할지 설계하면 왜 안 되는지 알 수 있다.

예를 들어,
◎ **현재의 나: 좌표(x:6, y:1)**
  ✓ **상태:** 재미와 몰입은 강하지만, 존재 이유가 약함

- ✓ **진단**: 실행은 쉽지만 방향성이나 기준이 없다. 쉽게 흔들리고, 당연히 오래가지 못한다.
- ✓ **대안**: 이 활동의 **의미와 가치**를 명확하게 연결
- ✓ **대안 질문**:
    - "나는 왜 이 일을 하는가?"
    - "이 활동이 나의 핵심가치와 어떻게 이어지는가?"
- ✓ **실행 전략**: 핵심가치 재확인, 의미 쓰기, 피드백 일지 활용

◎ **현재의 나: 좌표(x:1, y:6)**

- ✓ **상태**: 존재 이유는 뚜렷하나, 몰입이 낮고 실행되지 않음
- ✓ **진단**: 의미는 크지만 손이 안 가는 일
- ✓ **대안**: 몰입을 높일 수 있도록 **루틴을 다시 설계**
- ✓ **대안 질문**:
    - "어떻게 하면 이 활동을 더 생생하게 경험할까?"
    - "재미와 감각을 회복할 수 있는 작은 구조는 없을까?"
- ✓ **실행 전략**: 루틴을 게임처럼, 감정 자극 설계, 놀이/휴식

◎ **현재의 나: 좌표(x:5, y:5)**

- ✓ **상태**: 몰입도, 의미도 높은 상태
- ✓ **진단**: 실행 가능성이 매우 높음. 유지만 잘 하면 된다.
- ✓ **실행 전략**: 반복 루틴, 성찰 시스템, 자기 보상 유지

이렇게 분석한 결과를 종합할 때, 중년 우리가 좌표 모델에서 얻게 되는 시사점이 있다.

- "지금 나는 어디에 있는가?"
- "그리고 어느 축을 보완해야 실행이 지속되는가?"

깊고도 결이 있는 삶을 살아간다는 것은 단지 '하고 싶은 일'을 찾는 것에서 끝나는 것이 아니라, 그 일을 **지속 가능**한 방식으로 살아내는 것이다. 그 지속은 몰입과 의미, 감정과 가치, 재미와 정체성이 조화를 이루는 균형에서 가능하다.

즐거움은 반복을 부른다: 재미와 몰입의 힘

1. 재미와 자발적 반복

재미는 우리 삶에 깊이 영향을 미친다. 하지만 그 재미는 단순히 웃음을 자아내거나 잠시 즐거운 기분을 만들어내는 것에 그치지 않는다. 재미는 인간 본능에 깊게 뿌리내려, 우리가 새로운 것에 대한 호기심과 감탄을 느끼며 자발적으로 반복하고 싶어지게 만든다. 그렇다면 언제 재미를 느끼게 될까? 변화를 통해 도전과 기회를 경험하는 순간에 우리는 진정한 재미를 느끼게 된다. 흥미로운 활동에 몰입할 때, 시간은 희미해지고 우리는 온전히 그 순간에 빠져든다. 이런 몰입은 억지로 만들 수 있는 것이 아니다. 오랜 경험 속에서 반복적인 행동으로 익숙해질 때 찾아오는 자연스러운 현상이다.

2. 몰입과 재미의 관계

재미와 몰입은 결국 서로를 촉진한다. 몰입은 단순히 집중만 하는 상태가 아니라, 내가 원하는 것을 자유롭게 추구하는 과정에서 발생한다. 이 몰입 순간에 우리는 재미를 느끼고, 그 재미는 반복적인 활동으로 이어져 더 큰 성취로 이어진다. 예를 들어, 어떤 게임에서 이기거나 새로운 기술을 익히는 경험은 점점 더 큰 재미를 제공한다. 이러한 반복은 억지로 하는 고통이 아니라, 자신이 원해서 하게 되는 과정이다. 우리가 좋아하는 일을 반복할 때, 그 자체로 즐거움이 된다.

3. 재미의 진정한 힘

재미는 억지로 만들어지는 것이 아니라 자연스럽게 찾아온다. 일상에서 재미를 느끼려면, 우리는 먼저 그 과정에서 즐거움을 찾는 법을 배워야 한다. 급하게 결과를 추구하기보다, 그 자체로 경험에 몰입하고, 작은 성취에서 기쁨을 느끼는 것이 중요하다. 우리는 중년을 지나며 인생의 의미를 한 번씩 되돌아보게 되지만, 이 시기에도 여전히 재미는 중요한 요소다. 새로운 경험에서 오는 기대감과 설렘은 결국 우리가 그 경험을 반복하도록 만드는 에너지이다. 그리고 이렇게 반복되는 재미는 우리를 지속적인 성장과 도전의 길로 이끈다. 진정한 삶의 즐거움은 이 반복적인 재미에서 비롯된다.

하지만 이 즐거움이 일회성으로 끝나지 않으려면, 반복되는 몰입을 **구조화**하여 내 삶의 일부로 만드는 설계가 있어야 한다. 그때서야 비로소 우리는 삶 속에 녹아든 나만의 리듬과 활동으로 자기세계를 형성할 수 있게 된다.

6
정체성과 몰입이 연결된 자기세계 완성

1. 몰입의 반복이 만드는 나만의 세계

이제 우리가 해온 모든 과정을 마무리 할 때가 되었다. 새삼스레 강조하고픈 말은 단 하나로 귀결된다.
"자기세계는 실행 없이는 만들어지지 않는다. 청사진은 설계도일 뿐, 삶을 결정짓는 것은 행동이다."

자기세계를 만들려면, 먼저 내가 진심으로 하고 싶은 일을 **정체성 청사진**에 맞춰 찾고, **직접 실천하는 삶으로** 전환해야 한다. 아무리 멋진 상상을 해도, 행동하지 않으면 현실은 변하지 않는다.

자기세계는 **반복된 실천 루틴**으로 서서히 완성된다. 중요한 건 이 과정을 삶의 일부로 만들고 꾸준히 반복하는 것이다. 그렇게 할 때, '나만의 세계'가 만들어지고, 삶의 혼란도 고통도 자연스럽게 정리되기 시작한다.

정체성과 몰입이
만나는 그 지점,
그곳에 바로 '진짜 나'의 세계가 있다.

✓ **자기세계로 가는 5단계 루틴**

① **자기 탐색** – 내가 진심으로 끌리는 일은 무엇인가?

② **목표 설정** – 그 일에 어떤 기준과 방향을 둘 것인가?

③ **실행** – 작게라도 지금 바로 시작한다.

④ **조정** – 시행착오를 통해 방향을 조정한다.

⑤ **성찰** – 경험에서 내 의미를 발견한다. → ①번으로 반복

이 루틴은 한 번으로 끝나는 것이 아니다. 우리가 살아가는 동안 끊임없이 **반복**되고 **점검**하는 과정이다. 반복할수록 자기 세계는 더 선명해지고, 삶은 내 결대로 자유로워진다.

✓ **실행력을 높이는 3가지 기술**

① **동기 조절**

"왜 이 일을 하는가?" 외부 기준이 아니라, **내면의 이유**를 명확히 할 때 무엇이든 오래 몰두하면서 지속할 수 있다. 자율성과 자기확신이 동기를 더 강하게 만든다.

② **인지 조절**

계획은 **작고 명확하게 쪼개라.** 막연한 꿈은 부담이 되고, 구체적 목표는 힘이 된다. 우선순위를 정하고, 할 수 있는 만큼만 시작하자.

③ **행동 조절**

정해진 시간, 정해진 장소에서 반복하라. 성취가 생기면 작게라도 자신을 칭찬하고 보상하라. 습관은 인내나 의지보다 강하다. 꾸준함이 결국 자기세계를 만든다.

이 3가지 조절 전략은 언제나 함께 작동해서 **하나의 실행을 완성**시킨다. 잘 다루기만 하면 **재미와 몰입**은 그저 생기고, 그 안에서 **나만의 세계**, 즉 조용하고 은은하게 그렇게 계속 흘러나오는 '**진짜 나**'를 만나게 될 것이다.

'진짜 나'를 만나려면 **재미, 몰두, 자기세계**의 삼각 구도가 함께 작동해야 한다.

첫째, **재미**는 동기의 불꽃이고,

둘째, **몰두**는 내 감각과 내면에 깊이 빠져드는 상태이며,

셋째, **자기세계**는 그 몰입이 반복되고 축적되어 나만의 창조 방식으로 삶을 살아가는 독립적인 세계다.

이 3가지가 맞물릴 때, 우리는 비로소 "이게 바로 나야!"라는 느낌이 깃든다. 이때라야 비로소 **존재**의 방식이 되고, 삶의 **본질**을 표현하는 **자기실현의 완성**이라 할 수 있지 않을까.

젊은 시절엔 세상에 대한 호기심이 우리를 이끌었다. 하지만 이제는 다르다. 중년 이후의 삶은 "어떻게 살아야 하는가"라는 질문 앞에 서게 된다. 자기세계는 더 이상 성취나 결과의 문제가 아니다. 그것은 삶을 온 몸으로 **경험**하고, 스스로 **의미**를 구성해나가는 **한 존재의 방식**이다.

삶을 바꾸는 건 언제나 **작은 시작**이다. 오늘 내가 한 걸음이라도 실천하면, 그 걸음이 '나의 세계'를 만든다. 청사진을 현실로 옮기는 마법의 손, 그것은 바로 나 자신의 활동이다.

2. 몰입과 정체성이 균형을 이룬 자기세계

우리는 언제나 하고 싶은 일에 **몰입**하고 싶어 한다. 그리고 **의미** 있고 **가치** 있는 삶을 살고 싶어 한다. 이 두 가지 축이 함께 어우러질 때, 우리는 그것을 '자기세계'라 한다.

앞서 살펴보았듯이, 활동이 지속 가능하려면 재미와 감각에서 비롯된 몰입뿐 아니라, 삶의 방향성과 연결된 존재 의미가 함께 뒷받침되어야 한다.

- **몰입**은 실행의 감정적 **에너지**이고,
- **정체성**은 실행의 **방향성**과 지속성의 토대다.

그런데 우리는 몰입이 곧 자기세계를 만든다고 착각한다. 하지만 몰입은 일시적일 수 있다. 그 몰입이 나의 **존재 이유**와 연결되지 않는다면, 지속 가능한 루틴으로 자리 잡기 어렵다. 반대로, 아무리 가치 있고 의미 있는 활동이라 해도, **몰입**이 없다면 반복되지 않는다. 반복되지 않으면 결국 루틴이 될 수 없고, **루틴**이 되지 않으면 삶의 구조도 바꿀 수 없다.

그렇다면 자기세계란 무엇일까?
자기세계는 단지 내가 좋아하는 일을 반복하는 것이 아니다.

이것은 내가 중요하게 여기는 **가치**와 **의미**를, 일상의 루틴 속에서 **실현**해내는 지금 여기 있는 삶의 구조다.

따라서 자기세계에는 두 가지 핵심 요소가 꼭 필요하다.

- **몰입**(x축): 실행을 촉발하는 감정에너지(열정, 즐거움)
- **동기**(y축): 방향과 지속을 더하는 존재에너지(의미, 가치)

이 둘이 **균형** 있게 연결될 때, 비로소 활동은 내 삶의 일부가 되고, 그 삶은 내면화를 거쳐 깊고도 결이 있는 삶이 된다.

우리는 PART 3에서 **깊결지도**를 통해 내가 하고 싶은 일이 어느 좌표에 있는지 검증해보았다. 그리고 PART 4에서는 이 좌표를 기준으로 어떻게 실행 전략을 검증할지도 살펴보았다. 이제 마무리만 남았다. 이 실행이 내 삶의 루틴이 되고, 시스템으로 체계화되어, 결국 내가 살아가는 방식을 구성하도록 만드는 것. 그것이 바로 **균형 잡힌 자기세계**이다.

결국 자기세계는 정체성과 몰입이 자신의 마음 속 깊결에서 어우러질 때 다다를 수 있다. 이것은 한 번의 선택으로 되는 일이 아니라, 자신을 끊임없이 알아가고, 반복해서 실천하고 조율하는 과정을 통해 만들어진다. 즉, 내가 누구인지에 대한 철학이 실제로 어떻게 살아갈지 결정하는 순간에 시작된다.

자기세계 만들기

◆ STEP 1. 자기 탐색

"내가 가장 몰입했던 순간은 언제였나?"

활동	언제/어디서	어떤 느낌이 들었나?	그때 어떤 존재였나?
사진 찍기	여행 중 산책길에서	시간 가는 줄 몰랐고, 자연과 하나 된 느낌	자연과 연결되어 있는 감성적이고 집중한 나

◆ STEP 2. 목표 설정

"왜 이 활동을 하려는가?"

▶ 이 활동은 나의 어떤 **핵심가치**와 연결되는가?

_____

예시) 창의성, 자연과의 연결, 미적 감각

▶ 이 활동을 통해 느낀 **삶의 의미**는 무엇인가?

_____

예시) 있는 그대로의 세상을 바라보는 힘을 얻는다.

▶ 이 활동이 내 삶의 **방향성**과 어떻게 맞닿아 있는가?

_____

예시) 성과보다 내면의 느낌과 표현을 중요시하고 싶다.

✏️ 핵심 요약:

- _____
  _____

  예시) 내가 이 활동을 선택한 이유는, 세상의 아름다움을 내 방식으로 기록하고 표현하며 살아가고 싶기 때문이다.

◆ STEP 3. 실행
"작게라도 지금 바로 시작하자."

실행 항목	나의 계획
오늘 시작할 수 있는 작은 행동은?	스마트폰으로 1장/일 사진 찍기
하루 또는 주간 실천 시간은?	아침 출근 전 10분 산책하며 촬영
실행의 나만의 규칙 or 환경은?	SNS 공유보다 내 앨범에 정리

◆ STEP 4. 조정: 실행력 3요소 점검
"계획보다 꾸준함이 중요하다."

조절 전략	나의 전략
동기 조절	남 보여주기보다 내가 세상을 느끼는 감각을 회복하려고
인지 조절	'하루 한 장', '하루 10분'으로 쪼개서 부담을 줄인다.
행동 조절	매일 같은 시간과 장소로 루틴화. 실천 후 달력에 체크.

◆ STEP 5. 성찰과 자기 선언

"실천이 쌓이면 그것이 곧 나의 세계가 된다."

▶ 오늘 실천을 통해 느낀 점은?

✎ _____

예시) 사진 한 장이 사물을 보는 마음을 다르게 만들었다.

▶ 어려웠던 점은 무엇이었고, 무엇을 조정하면 좋을까?

✎ _____

예시) 바쁘면 산책이 곤란. 사진만 찍는 걸로 대체.

▶ 나는 이 활동을 통해 어떻게 성장하고 있는가?

✎ _____

예시) 내면이 차분하고, 관찰과 감수성이 살아나는 느낌.

✎ 나의 자기세계 선언문:

- _____

예시) 오늘 사진을 찍으며, '세상을 나답게 바라보는 힘'을 실천했다. 이것이 나의 세계를 만드는 첫 걸음이다.

◆ STEP 6. 반복 루틴 확인

주차	활동명	실행 여부	성찰 한 줄 요약
1주차	사진 산책	o	나만의 시선을 회복하는 시간이 되었다.
2주차	사진 산책	x	주말 일정으로 빠졌음. 월요일부터 재개 예정
3주차			

'진짜 나'를 살아내는 자기세계

'하고 싶은 일'을 찾는 여정은 끝이 아니라 시작이다. 이제는 그것을 계속해서 '실천하는 나'가 되어야 한다. 정체성 기반의 설계를 반복 가능한 실천을 통해, 나만의 삶의 구조를 만드는 것, 그것이 바로 자기세계로 가는 과정이다.

① **행동이 정체성을 만든다**

아무리 훌륭한 설계도, 실행이 없다면 공허하다. 생각이나 계획이 아니라, **작은 실천**이 진짜 나를 증명한다. 지금 무엇을 하고 있는지가 곧 나의 정체성이다.

② **고정관념을 깨야 새로운 가능성이 열린다**

변화를 가로막는 건 외부 조건보다 내부의 낡은 이야기이다. "나는 원래 이런 사람이야"라는 자기 규정에서 벗어나, 새로운 내면의 이야기를 써야만 행동이 달라지고 삶이 바뀐다.

③ **가치는 행동을 통해 내면화된다**

'진짜 나의 가치'는 말이 아니라 실행으로 입증된다. 감정과 몰입을 실천에 연결시키는 루틴 속에서, 내 삶의 방향성과 진짜 이유가 선명해진다.

④ **반복은 시스템이 만든다**

꾸준함은 의지가 아니라 구조이다. 나의 리듬에 맞춘 습관과 실행 루틴이 반복될 때, '하고 싶은 일'은 자연스럽게 일상이 된다. **반복 가능한 시스템**이 지속가능한 삶의 기반이다.

⑤ **휴식과 리셋도 실행의 일부다**

지속가능한 실천은 무너질 수 있음을 인정하고, 회복 가능한 구조를 마련하는 것. '잠시 멈춤'도 내 삶의 중요한 일부다.

⑥ **재미와 몰입이 자율성을 강화한다**

하고 싶은 일을 할 때, 우리는 저절로 몰입하게 된다. 이 몰입은 자율성과 연결되고, 자율성은 실행의 동기를 강화한다. **즐거움이 있는 실천**만이 삶을 지속 가능하게 한다.

⑦ 자기세계는 '내 삶의 방식'이다

자기세계는 어떤 하나의 성취가 아니라, 정체성에 기반한 감정–실천–구조가 반복되며 만들어지는 **삶의 독립적 시스템**이다. 질문하고, 실천하고, 조정하고, 성찰하는 과정을 통해 나의 존재 방식으로 정착된다.

PART 4는 '하고 싶은 일'을 실제 삶의 흐름에 통합하는 장이다. 지금 무엇을 하고 싶은지를 넘어, 그 일을 어떻게 지속하고 내 삶에 녹여낼 것인가를 실험하고 구축하는 여정이다. 그 결과, 삶의 외곽이 아닌 중심에서 '진짜 나답게 사는 법'을 터득하게 된다.

[에필로그]

나만의 마지막 퍼즐, 찾았는가?

책을 끝까지 읽고 난 지금, 마음속에 여전히 풀리지 않는 무언가가 남아 있어도, 그건 아주 자연스러운 일이다. 왜냐하면 이 책은 정답보다 질문을 주기 위해 쓰였기 때문이다.

우리는 퇴직이라는 큰 전환점 앞에서 자유를 얻는다. 그러나 진짜 자유는 단지 시간이나 책임의 해방이 아니라,

"나는 어떤 삶을 살고 싶은가?"

"내가 진짜 하고 싶은 일은 무엇인가?"

이 질문에 정직하게 답할 수 있을 때 비로소 의미를 갖는다.

이 책을 통해 우리는 삶의 기준을 재정립하고,
가치와 정체성을 바탕으로
하고 싶은 일을 탐색하고 실험하며,
나만의 청사진을 그려왔을 것이다.
하지만 마지막 퍼즐 조각은 여전히 내 손에 달려 있다.

책은 길을 보여줄 수 있지만,
그 길을 걷는 건 오직 자신뿐이다.
실천 없이는
변화도, 자기만족도, 진짜 자유도 이루어지지 않는다.

지금 이 순간, 무엇이 나를 가슴 뛰게 하는가?
어떤 일을 할 때, '이게 바로 나야'라는 느낌이 드는가?
내가 찾은 그것은 어쩌면 아주 작고 소박한 일일지도 모른다.
하지만 그 안에 담긴 기쁨과 열정이야말로
나만의 **핵심가치**와 만족,
그리고 **삶의 깊은 결**이 만나는 지점일 수 있다.

이제 주저하지 말고 한 걸음 내디뎌 보자. 진짜 원하는 것을 선택하고, 그것을 실천하고 지속할 때, 이 책은 어쩌면 더 이상 필요 없게 될지도 모른다. 왜냐하면 그때는 나만의 **인생 매뉴얼**이 이미 완성되어 있을 테니까. '하고 싶은 일'을 시작하는 건 결국 진짜 **나답게** 사는 첫 번째 **선택**이다. 이 책이 그 출발선이 되기를 진심으로 바란다.

자, 이제 내 맘껏 살아보세!!

[당부 말씀]

지금까지 우리는 하나의 좌표, **깊결지도**라는 단순한 2차원 모델을 통해 복잡하고 다층적인 내면의 문제들을 손에 잡히게 풀어내려는 시도를 해왔다. 이 도구는 **나의 감정과 정체성, 몰입과 실행, 삶의 의미와 루틴**을 보다 선명하게 바라보는 데 큰 힘이 되었다.

우리는 이 도구를 통해 지금의 나를 점검하고, 내가 도달하고자 하는 정체성과 거기에 필요한 기반과 기술들을 그려보았다. 뿐만 아니라, 하고 싶은 일을 찾고, 그것을 포기하지 않고 해나갈 수 있는 전략까지 점검하는데 활용했다. 여기까지의 과정에서 **깊결지도**는 매우 유용한 **해석 틀**이었을지 모른다.

하지만 말이다.
현실 세계는 절대로 2차원 좌표로는 설명되지 않는다.
삶은 언제나 더 복잡하고, 더 미묘하며, 더 입체적이다.
그 어떤 도구도 우리의 존재를 완전히 담아낼 수 없다.
도구는 어디까지나 **해석의 틀**이지,
삶 자체를 대신 해줄 수는 없다.

진짜 중요한 것은
지금까지 우리가 해온 **실제 활동 그 자체다**.

깊결에 질문을 던졌던 시간,
내면으로부터 천천히 답을 길어 올렸던 감정의 흐름,
배운 개념을 언어로 정리하고,
그것을 실천 전략으로 바꾸었던 그 하나하나의 과정.
이런 모든 '활동'이야말로 우리가 삶을 주체적으로 다시 짜기 위한 **진짜 기반과 기술**이었다.

이제 우리는 도구에 더 이상 **의존하지 않아도 된다.**
왜냐하면,
우리는 지금
이 세상에 둘도 없는 강력한 도구를 얻었기 때문이다.
바로,
'진짜 나'라는 존재다.

이 도구 하나만 있다면,
어떤 좌표도, 어떤 변수도, 어떤 실패와 혼란도
더 이상 두렵지 않다.
이제 우리는 말할 수 있다.

"나는, '진짜 나'로 살아갈 수 있다."

끝으로, 이 과정을 함께해준 당신에게,
그냥 존재로서의 존재가 진짜 존재에게 깊이 감사드린다.

[출간후기]

권선복(도서출판 행복에너지 대표이사)

"책 한 권이 한 사람의 인생을 바꿀 수 있습니다. 이 책이 바로 그런 책입니다."

출판을 업으로 삼아 수많은 책을 만나고, 다양한 저자들과 대화를 할 때마다 제가 언제나 품어온 질문이 있습니다. "이 책은 한 사람의 인생을 바꿀 수 있는가?" 『자기세계 안내서: REAL SELF』는 그 질문에 명확하고 굳건하게 "예"라고 답할 수 있는 책입니다.

이 책을 처음 접했을 때 떠오른 이미지는, "지도 없이 헤매던 우리에게 건네는 나침반"임을 직감했습니다. 정년을 앞두었거나 이미 퇴직한 분들, 자유는 얻었지만 방향을 잃은 중년, 겉으로는 성공했지만 마음속 깊이 "나는 누구인가?"를 묻는 사람들에게 이 책은 단순한 위로가 아닌, 실질적인 '인생 재설계 도구'를 제공합니다.

손신호 저자는 35년 넘는 직장 생활을 마무리하면서, "이제 나는 어떻게 살아야 할 것인가"라는 질문에 마주섰습니다. 그 질문 끝에서 삶의 의미와 몰입, 자기 정체성의 본질을 탐구했고, 기존 철학과 심리학, 뇌과학 이론을 IT적 구조화 방식으로 정교하게 통합했습니다. 그 결과물이 바로 이 책에 담긴 '깊결모델'과 '깊결지도', 그리고 누구나 쉽게 따라 할 수 있는 '정체성 설계와 진짜 하고 싶은 일'입니다. 『자기세계 안내서』는 단순히 정서적 공감을 넘어, 자신의 삶을 구조적으로 들여다보고 스스로 실천할 수 있도록 돕는 안내서입니다.

'깊결지도'는 몰입(x축)과 동기(y축)를 기반으로 자신의 삶을 좌표로 시각화할 수 있도록 설계되어 있습니다. 특히 y=4 이상의 깊고도 결이 있는 활동들을 '자기세계'라 정의하며, 독자가 진짜 몰입할 수 있는 삶을 살아가도록 안내합니다. 이 책은 '해야만 하는 일'에서 '하고 싶은 일'로 이동하기 위해 필요한 구조, 즉 의미 중심의 선택 기준과 지속 가능한 실천 루틴을 제공합니다. 독자는 책을 읽으며 한 단계씩 따라하는 과정에서, 자기 삶의 설계자이자 실천자가 됩니다.

저는 출판인으로서 이 책의 출간을 결정하면서 "이 책이 지금껏 성실하게 살아온 중장년의 삶에 등불이 될 것"이라는 확신을 품었습니다. 이 책은 단지 '퇴직 이후 무엇을 할까'라는 고민을 넘어, "이제라도 진짜 나로 살아가고 싶다"는 당신 내면의 갈망에 응답하는 책입니다.

『자기세계 안내서』는 퇴직자, 중년, 노년층뿐 아니라 지금 이 순간 자신의 방향을 잃고 흔들리는 누구에게나 필요한 책입니다. 우리는 모두 진짜 나로 살고 싶어 하지만, 그 시작이 어디인지 몰라 방황하곤 합니다. 이 책은 그런 우리에게 방향을 제시하고, 질문을 던지고, 나침반을 제공합니다.

도서출판 행복에너지는 언제나 '사람을 살리는 책', '읽는 이의 인생에 에너지를 주는 책'을 만들고자 노력해왔습니다. 『자기세계 안내서』는 그 철학이 고스란히 담긴 결정체입니다. 책을 집어든 이 순간, 우리는 이미 삶의 좌표 위에 한 점을 찍었습니다. 그 점에서 시작되는 여정이 나만의 자기세계로 이어지길 바랍니다. 그 출발을 『자기세계 안내서』와 함께 하시길 진심으로 권합니다.

좋은 **원고**나 **출판 기획**이 있으신 분은 언제든지 **행복에너지**의 문을 두드려 주시기 바랍니다.
ksbdata@hanmail.net www.happybook.or.kr 문의 ☎ 010-3267-6277

'행복에너지'의 해피 대한민국 프로젝트!

<모교 책 보내기 운동> <군부대 책 보내기 운동>

한 권의 책은 한 사람의 인생을 바꾸는 힘을 가지고 있습니다. 한 사람의 인생이 바뀌면 한 나라의 국운이 바뀝니다. 그럼에도 불구하고 많은 학교의 도서관이 가난하며 나라를 지키는 군인들은 사회와 단절되어 자기계발을 하기 어렵습니다. 저희 행복에너지에서는 베스트셀러와 각종 기관에서 우수도서로 선정된 도서를 중심으로 <모교 책 보내기 운동>과 <군부대 책 보내기 운동>을 펼치고 있습니다. 책을 제공해 주시면 수요기관에서 감사장과 함께 기부금 영수증을 받을 수 있어 좋은 일에 따르는 적절한 세액 공제의 혜택도 뒤따르게 됩니다. 대한민국의 미래, 젊은이들에게 좋은 책을 보내주십시오. 독자 여러분의 자랑스러운 모교와 군부대에 보내진 한 권의 책은 더 크게 성장할 대한민국의 발판이 될 것입니다.